新潟県人物小伝

小林虎三郎

稲川明雄

新潟日報事業社

■表紙写真

表紙一

・小林虎三郎肖像写真

・「興学私議」冒頭部分（『求志洞遺稿』収載　長岡市立中央図書館蔵）

表紙二

・米百俵之碑（国漢学校跡地　長岡市大手通二）

表紙三

・米百俵の群像（長岡市寺島町・千秋が原ふるさとの森）

表紙四（左から）

・米百俵之碑（国漢学校跡地　長岡市大手通二）

・国漢学校之図（「懐旧雑誌」長岡市立中央図書館蔵）

・米百俵の群像（長岡市寺島町・千秋が原ふるさとの森）

目次

はじめに

幕末長岡藩の小林虎三郎《とらさぶろう》の生涯をたどろうと思う。人は小林虎三郎を先覚者と呼ぶ。文政十一（一八二八）年生まれのこの長岡藩士は儒学者、蘭学者《らんがくしゃ》、最後は国漢学校などの先駆的な教育システムを創《つく》りあげた教育者と評価されるはずである。ところが作家山本有三《やまもとゆうぞう》をはじめ郷土史家たちが小林虎三郎を「先覚者」と呼ぶには何か理由がありそうである。

『岩波国語辞典』第四版によると先覚者とは「世人に先んじて、物事の道理や移り変わって行く先を見抜いた人」とある。作家山本有三が戯曲『米《こめ》・百俵《ひゃっぴょう》』で「今日の事だけ考えずに、さきざきの事を、よっく考えてくれ。貴公らにも、みんな、子どもがあるはずだ。どうか子どものゆく末のことを考えてくれ」という台詞《せりふ》がある。子どもの将来が、国家や地域の運命を左右する。その子どもたちの教育を大切にしないと、社会はよくならない。教育というものが改革の基本であり、人間の未来を切り開く根本だということは論をまたない。

そういった虎三郎の悲痛な叫びはどこから発しているのだろうか。

幕末の長岡藩は戊辰戦争で、東軍側に属して敗れ、城下は焼け野原となった。その復興を担った大参事小林虎三郎は、教育の改革を復興の中心策に置いた。復興資金を持たない長岡藩が、人材の育成を第一義として掲げたのには理由がある。しかし、人は目先の利を追うものであるが、それを制して、教育を大切にする理想を掲げた小林虎三郎の見識の高さは、現代も見習うものがある。約百四十年前にそういった先覚の理想を思いついた小林虎三郎という一学者の生き方、考え方を掘り起こす必要がある。

もとより、小林虎三郎の人生の過半は、苦難の道を歩いていたといっても過言ではない。身体的障害からくる孤立感。憂悶から発した病《やまい》。排斥による孤独など、およそ娯楽などとは無縁であったはずだ。そういった彼の人生を検証すれば、先覚者の称が理解できるかもしれない。

ところで、虎三郎の漢詩に「隠憂《いんゆう》の賦《ふ》」がある。年録《ねんろく》の後記によれば、四十二歳の明治二（一八六九）年夏に詠んだものだが、まことに鬼気迫る悲愴感が漂った漢詩の大作である。その直後に文武《もんむ》総督《そうとく》・大参事《だいさんじ》となって、三根山《みねやま》藩からの救援米百俵を教育資金とするのである。

まさに「隠憂の賦」の自省《じせい》のなかから生まれた虎三郎の理想が、未来の人類のための教育観であった。小林虎三郎は、それまでの不幸の人生を踏まえて、孟子の教えを基本に人材育成教育を展開してゆこうとする。その主張は決して学業優秀な人材が、社会に有用な人材ではないというものだった。道徳というものを兼ね備えた科学知識を持った人材が、教育の力で生れてくると確信していた。虎三郎の教育観は孟子のいう人の性善を信じたからこそ先が見え、夢も希望も、未来に託すことができたというのである。そういう虎三郎の魂の軌跡を追ってみたいと思う。

小林虎三郎（一八二八―一八七七）の肖像

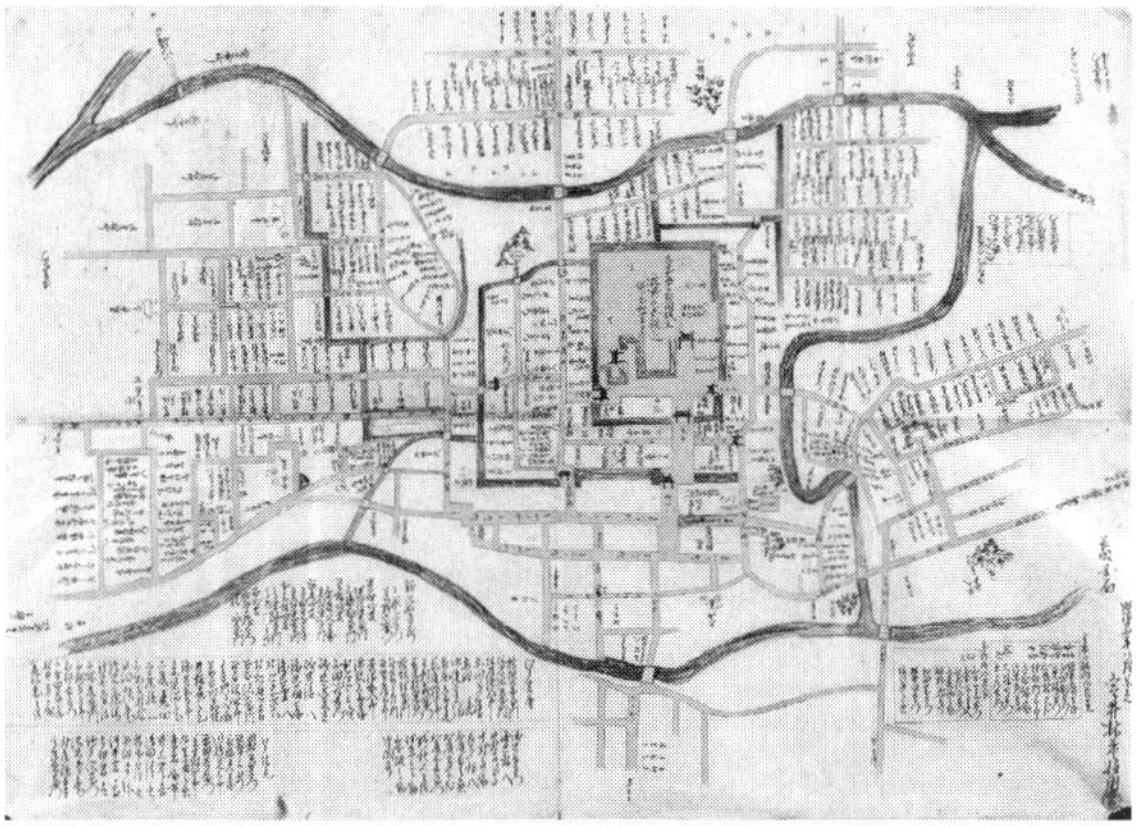

小林虎三郎が生まれたころの「文政年中・長岡城下図」

小林家先祖

虎三郎の先祖は、上州赤堀《あかぼり》城主赤堀左衛門《さえもん》だと「小林家家系図」に記されている。上州赤堀は群馬県赤堀町（現・伊勢崎市）。赤堀氏は南北朝時代、南朝《なんちょう》方の有力豪族であったが、戦国時代に埋没し、現在は小さな城址を残すのみである。

長岡藩主牧野氏が上州大胡《おおこ》城にいたことがあるが、赤堀城はそう遠くない。むしろ、赤城山に近い赤堀を通って牧野氏は、赤城山の神々に大坂夏の陣・冬の陣の戦勝祈願に赴いている。

長岡藩主牧野氏に仕えた小林家の初代は、小林意哲《いてつ》という坊主方《かた》である。坊主は城中の本丸御殿《ごてん》などにいて、登城してくる家臣たちの世話をする。意哲の母は、元和四（一六一八）年の牧野氏と家臣団が、長岡打入りの際、同行して奉公をしたというから、奥むきの侍女であったろうか。意哲は貞享のころ、奥坊主に昇格し、三石加増されて都合二十三石取りになっている。

平成十六（二〇〇四）年群馬県旧赤堀町に建てられた米百俵の碑（伊勢崎市西久保）

それは三代藩主牧野忠辰《ただとき》治世のころであり、何かの才能があったから抜擢されたのであろう。小林家二代は元禄十二（一六九九）年に意哲の養子となった、三間監物《みつまけんもつ》の家来角平の子どもであった。陪臣である角平の子が、禄高四十五石小林七郎兵衛鶴安と名乗り、小林家を代官に出世させている。

三代目の小林七郎兵衛親興は、やり手で会所給仕から勤めをはじめ、代官や郡奉行《こおりぶぎょう》まで累進し、蒲原郡の三潟干拓事業を手掛けている。そして、最後は知行《ちぎょう》百石取りの騎馬士となった。四代七郎兵衛政安は、才覚者であったが若死にをし、五代又兵衛親雪も郡奉行となっている。

そして、六代が虎三郎の父、小林又兵衛親真である。又兵衛の活躍した時代は文化・文政にはじまって天保に至る時代である。長岡藩では九代牧野忠精《ただきよ》、十代牧野忠雅《ただまさ》が藩主であった。

又兵衛は藩校崇徳館《そうとくかん》（「すとくかん」と訓《よ》むものもあり）の助教となり、天保三（一八三二）年に郡奉行となった。天保六年に御目付役兼記録方。その年の暮れに江戸詰《づめ》となっている。天保七年十一月に新潟町奉行《にいがたまちぶぎょう》。同十一年に者頭格御用人《ものがしらかくごようにん》にすすみ、再び江戸詰となって若殿牧野忠恭《ただゆき》のお傅《も》り役となった。

虎三郎の誕生

小林虎三郎（興国寺蔵・長岡市千手二）

禄高百石の長岡藩士の小林又兵衛家には、すでに二人の男子を生後間もなく亡くしていた。その小林又兵衛と久の間に、文政十一（一八二八）年八月十八日待望の第三子が誕生した。

名を虎三郎と名付けた。正しくは乕三郎であるが、これは本当の虎をあらわす俗字だから、両親は虎のようにたくましく生き抜いてほしいという意味がこめられて名付けられたものであろう。

母は同藩士栂野与次兵衛《とがのよじへえ》の娘の久《ひさ》であった。両親は跡取り息子の誕生を喜び、慈しんで育てた。だが、幼児のころ虎三郎は流行病であった天然痘（疱瘡《ほうそう》ともいう）に罹《かか》り、生死の境《さかい》をさまよっている。

両親は必死に虎三郎を看病して、幼い我が子を助けた。当時の医療技術は低く、もしかすると両親も罹病してしまう危険を冒《おか》しても我が子を助けるという愛情にみちたものであった。

虎三郎は両親の愛情によって、九死に一生を得た。だが、その結果、高熱によって左眼の光を失い、顔面に天然痘による痘痕《あばた》が残った。幼児のときは病弱だった。母の久がいつもそばにあって世話をしてくれた。

又兵衛と久との間に虎三郎をはじめとする定四郎、猶五郎（のちの大造）、寛六郎、雄七郎の弟と、のちに小金井《こがねい》儀兵衛に嫁した幸《ゆき》、吉田春台《しゅんだい》に嫁した富《とみ》の妹がいた。

長岡藩士小林又兵衛家の特色は、封建時代には少なかった家族間に、温かな愛情があったことだ。親は子を思い、子は親を敬《うやま》い、兄弟は互いに思いやる家庭があったことだ。ごく普通の侍の一家庭であったが、深い絆で結ばれていた。

それが、小林虎三郎がどんな苦難にあっても乗り越えることができ、その生涯に幸運をもたらす要素となったといえる。

父母の慈愛

子どものころの虎三郎を『病翁小林先生伝』（高橋翠村《すいそん》撰）では「人となり忠直《ちゅうちょく》清峻《せいしゅん》である」と述べている。忠直は律義で正直なこと。清峻はいさぎよく厳しいことをあらわしているから、子どもながらに孤高な人間であったのかもしれない。

虎三郎には、子どものころ、どんなことをしていたというようなエピソードがあまりない。ともだちが誰であったとか、どんな遊びが好きだったなどといった趣味も少ない。

後年の漢詩をみると、雲を描くことが多いから、空を眺めながら思索にふける少年であったのかもしれない。

それらはすべて、彼の容貌や身体的障害が影響していると思う。左眼は光を失い、顔面に天然痘の後遺である痘痕が残って、みにくかったという。

それに自邸と道を隔てた向かいには、ワンパクな河井継之助《つぎのすけ》がい

長岡城本丸跡の碑
（長岡市城内町二・長岡駅前）

長岡城二の丸跡の碑
（長岡市大手通一）

た。町内の子どもたちは、野撲《やぼく》を好み、野山を駆けめぐり、冬は雪合戦にあけくれた。

虎三郎が後年、西洋兵術や大砲の機能にきわめて、関心をしめすのは、幼児のころ、戦国軍法をもって雪合戦をする朋輩たちに対抗する気持ちもあったのではないかと想像される。

従って虎三郎の幼少時代は、家書《かしょ》、特に父又兵衛が集めた蔵書を読み、親の言うことをよく聞く、素直な子どもであったのではないかと思われる。そんな虎三郎の将来を危惧《きぐ》していたのは母の久であり、父の又兵衛であった。後年、虎三郎は両親を「二慈《にじ》」といっている。すなわち、内省的な虎三郎を温かく見守り、虎三郎のやりたいように勉強をさせてくれた両親を深く愛惜しているのである。「質撲《しつぼく》剛健」な武士社会にあって、身体を鍛えられず、読書ばかりしている我が子を見守った小林又兵衛・久の慈愛こそが、小林虎三郎の言う教育の原点であったといえるであろう。

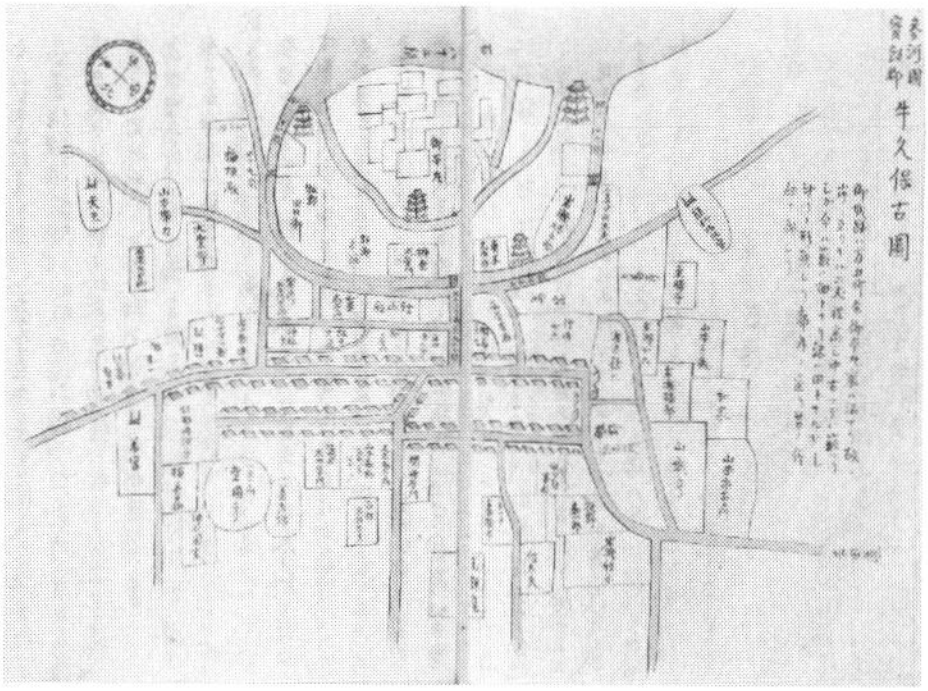

牛久保古図　長岡藩発祥の地、三河国牛久保の様子を伝えている。（「懐旧雑誌」長岡市立中央図書館蔵）

牛久保城の壁書

江戸時代、長岡藩の牧野家の家中にあって、三河以来の随臣という家柄は特別なものであった。足軽にも十二組のグループがあったが、そのうち三組衆《さんくみしゅう》は三河以来の特別な足軽組であった。そもそも、長岡藩の発祥地は、三河牛久保。現在は愛知県豊川市牛久保町である。

室町時代の初めのころ、大和、阿波、熊野を経た牧野家の先祖が、三河国牧野村に城館を建てている。そして、牧野城から牛久保城に本拠地を移し、牧野古白《こはく》入道のとき、東三河の土豪の旗頭となっている。そのときに随臣していた家来が、長岡藩では三河以来の家臣ということになる。その後、分裂した牧野氏一族を束ねたのが、長岡藩祖忠成の祖父牧野成定《しげさだ》であった。いちはやく三河国に台頭した松平元康《もとやす》（のちの徳川家康）の幕下《ばっか》に入り、徳川家譜代となる基礎を築き、子の康成《やすなり》・孫の忠成《ただなり》に継承した。

牛久保城主のとき、牧野氏は七千石余りの知行でしかなかったという。牛久保城には壁書《かべがき》があって、その第一条を「常在戦場の四文字」という。平素においても戦場に身を置く生活規範を求めたのである。

従って、質撲剛健、倹約を第一とし、日ごろから危機に備えるというのが長岡武士の生活信条であった。

父・又兵衛のこと

父の小林又兵衛は、長岡藩にあって能吏であると同時に、文武に優れた武士であった。新潟町奉行のとき、領内西蒲原郡内で暴動が発生した際、単騎で槍を携えて駆けつけ、首領と談判し、鎮めたエピソードの持ち主であった。

号を誠斎《せいさい》と称したように、誠実な人がらであった。他にも厳松《がんしょう》と号し、若いころから詩文を巧みに詠んでいる。なかでも「人生底事

新潟浜村　天保十四（一八四三）年の上知まで、新潟浜村六百石（現新潟市）は長岡藩領であった。（「懐旧雑誌」／長岡市立中央図書館蔵）

最堪嬉五首」は、彼の痛快な人生を物語るものである。

小林虎三郎が雙松《そうしょう》と号するのは、そんな父とともに、この世の人生を歩みたいと思ったに相違ない。

天保七（一八三六）年に新潟町奉行となり、虎三郎をつれて新潟町に赴いたらしい。その際に信州松代《まつしろ》藩士の佐久間象山《ぞうざん》と出会っていると思われる。象山は松代藩の御用で新潟港まで来ていた。象山が只者《ただもの》ではないと見抜いた又兵衛は、奉行所と役宅を兼ねた住いに招じ入れている。そこには九歳になったばかりの虎三郎がおり、又兵衛は我が子虎三郎の将来を託した。

象山が記した「北遊乱稿《ほくゆうらんこう》」に「新潟に小林誠斎という、武士に遇い、酒をともにくみ交わし、大いに語り合った」ことが書かれている。

又兵衛は天保十一年に若殿の牧野忠恭《ただゆき》付のお傅《も》り役となって、江戸上府となるまで、新潟町に過ごしている。この新潟町奉行時代、幕府の隠密《おんみつ》が町中に出没したり、抜け荷事件が起こるのだが、そのあたりの資料は明らかではない。

父の上府《じょうふ》に伴い虎三郎は長岡城下に戻って、弓町《ゆみちょう》の親戚の家に寄宿し、藩校崇徳館に通っている。

又兵衛は、若殿、つまり養嗣子で十一代藩主となる牧野忠恭と、どういう主従関係であったかは伝わっていない。しかし、又兵衛の訓育が忠恭に君主教育を授けたのではないかと思われる。

又兵衛の上府

『北越名流《めいりゅう》遺芳《いほう》』などの史書に、小林又兵衛の上府のことが記されている。「江戸の邸に居りいたること歳余」とあるから、一年余り、若殿牧野忠恭の教育掛を担当したのであろう。忠恭には郡奉行や新潟町奉行の体験から、領内の治政について説明したのだろう。それに又兵衛には文学的素養もあったから、詩歌や書画も指導した。

将来長岡藩主となる若殿の牧野忠恭は、当時、十五歳の若者である。しかも西尾藩主松平乗寛の三男で、十代藩主牧野忠雅に男子が

十代藩主牧野忠雅

授からないことから、懇《こ》われて牧野家に養子に入っている。

当時、長岡藩は幕閣のなかでは、名門大名のひとつであった。だから忠雅は出世コースに乗り、やがて、京都所司代となり、老中職の就任が早晩、決まるのではないかといわれていた。それは九代藩主牧野忠精の権勢の残滓《ざんし》のようなものであった。

だからこそ、つぎの長岡藩を背負って立つ世子には期待が大きいものがあった。そのお傅《も》り役に小林又兵衛が選ばれたのである。

そこで、又兵衛がどのような教育をしたかはわからないが、その後、我が子虎三郎に何らかの影響を与えたことは確かである。虎三郎がのちに江戸遊学を命ぜられ、牧野忠恭が師事している萩原緑《りょく》野《や》の白鶴塾に当初、入門したことでも、その因果関係があるのではないかと思われるのである。

又兵衛の在勤は一年余り。帰国したのは、天保十四（一八四三）年ごろであった。ちょうど又兵衛が町奉行をした新潟町が上知《じょうち》された事件で長岡城下が揺れている時代であった。又兵衛一家は、長岡城下の長町と稽古町が交差する一角に屋敷を賜っている。虎三郎も母や弟妹たちとようやく、一緒に住めることとなった。

母・久のこと

江戸から帰郷した父又兵衛の去就《きょしゅう》については不明だ。ただ、安政六（一八五九）年二月に六十一歳で没している。天保、弘化、嘉永、安政と続く、晩年の又兵衛の消息は不明だが、彼の書などが残っているところから、長岡藩、牧野家家中においては文化知識人として重きを成したのであろう。

ただ、又兵衛の念願は、我が子の出世であったにちがいない。国家（藩）の柱石になるような子どもたちを育てることが、又兵衛の希望となって、家学（家庭にあって父が子に学問を教えること）を使命とした。

母の久について記述してみよう。この時代の女性の事跡が伝わることが少ない。それは家伝などが男子を優先にしたことにもよるが、封建社会が女性の役割を家庭内にとどめたことによるものだろう。しかし、決して、女性の存在を否定するものではなく、家庭内での躾《しつけ》や道徳心の養成は女性教育の根幹を成すものであった。しかし、当時も母の偉大さが、子どもの出世につながるといった考え方があったことも確かである。

　虎三郎の母、久の人格は、慈愛深い母性によっていたことは想像にかたくない。虎三郎の漢詩に母が自分の帰郷を心待ちにし、屋敷の門に倚《よ》りかかって待ちわびている詩があるが、それは母の慈愛の深さを、虎三郎がいつも感じていたからにちがいない。

　母の久は前述したように長岡藩士禄高百石の梅野与次兵衛の娘である。嘉永三（一八五〇）年の「長岡藩家中禄高調」では「山本帯《たて》刀《わき》左《さ》衛門《えもん》支配組」に入っている。長岡藩でいえば大組《おおぐみ》といわれる侍の一人で、戦場では騎馬戦士となり、槍をもって突進する士の家柄であった。屋敷は城下台所町《だいどころちょう》西側北にあった。

　小林家の屋敷があった長町とはそう遠くない。小林家が上州出身であるのに比べ、梅野家は三河以来の長岡武士であった。

藩校崇徳館に入る

虎三郎は数え六歳（九歳という説もあり定かでない）で、藩校崇徳館《そうとくかん》に入っている。父の又兵衛が藩校の助教や督学《とくがく》をしているので、教育の関心は高かったと思われるが、だいたいの藩士の子弟は、この年齢に達すると、崇徳館に入ったようである。

虎三郎が六歳というと天保四（一八三三）年にあたる。藩校は創立二十五周年くらいで、藩校教育は長岡藩の一大ステータスになっていた。

崇徳館は九代長岡藩主牧野忠精の治世時代に、「徳を崇《たっと》ぶ」ための藩士子弟の教育機関として設立されている。天保四年ごろは、藩校教育は藩士子弟に知られていて、特に惣領息子などの入校率は、百パーセントに近く、藩の要職に据《すわ》る者は、藩校教育を受けた者に限るという不文律さえできていた。

ちょうど虎三郎が入校した天保四年に名物都講《とこう》であった徂徠学派《そらいがくは》

藩校崇徳館の図（「長陵歳時記」長岡市立中央図書館蔵）

の秋山景山《けいざん》が辞職をしている。老齢が主な理由だが翌年五年に復職をしているところをみると病であったのかもしれない。もっとも天保七年に再度、辞して同十年に八十一歳で没している。

虎三郎の入校に従えば、謦咳《けいがい》に触れるチャンスがあるのだが、十歳前後の虎三郎が、秋山景山の偉大さにどのように触れたかは疑問である。しかし、秋山景山が日ごろから主張していた「儒学の各派にこだわらず、生活に役立つ学問を修め、実践実学を大切にする」といった考え方は、藩校のなかに充満していたはずである。それに景山は一人一人の個性の良さをのばすことが、藩校教育では重要だと説いていたから、儒学各派の勉強も崇徳館内において学べたのである。

それは都講秋山景山の信念であったし、創設した牧野忠精の方針でもあった。景山は藩校が文化五（一八〇八）年に創設されると「学問所主取《しゅどり》」となっている。都講に任命されるのは七年後の文化十二年。その一方で藩校には伊藤仁斎の孫の伊藤東岸《とうがん》が都講となって並立し、古義学《こぎがく》を教えている。

虎三郎は初め古義学を採り、その後、景山の後を継いだ朱子学派の都講高野松陰《しょういん》に教えてもらったというが、この経歴は小林虎三郎の人格形成に大きな意味を持つものとなる。

師は高野松陰

師の高野松陰から受けるものは大きく、虎三郎の学問に大きな影響を与えている。それまで、長岡藩内に朱子学派の学者がいなかったわけではないが、松陰の朱子学講義は明解であった。虚偽にとらわれず、真の核心を解き明かすものであった。

たちまち、虎三郎は高野松陰に傾倒し、朱子学の奥義を極めようと勉学に励んだ。

その高野松陰先生の人となりを紹介してみよう。文化八（一八一一）年に長岡藩士小畔《こあぜ》氏の家に生まれた。十五歳のとき、高野家に養われ、天保（一八三一）二年山田到処《とうしょ》、木村鈍叟《どんそう》とともに江戸遊学に行き、佐藤一斎《いっさい》の塾頭《じくとう》を務めている。朋輩に佐久間象山や山田方谷《ほうこく》、木下宇太郎などがいる。

松陰の研学は佐藤一斎のすべてを吸収することにあり、一斎も松陰に朱子学のほか陽明学を教えている。松陰は一斎門下で俄然、頭角をあらわし、全国諸藩に知己を得ることになった。たった二年の修学であったが、このことがのちに虎三郎、河井継之助らの俊英たちの成長の資本となった。

虎三郎は高野松陰のもとで勉学に励み、驥足《きそく》をのばしていく。授業中の質問は当を得ており、その博覧強記ぶりと、窮理への関心の強さが虎三郎の特徴だった。やがて、松陰のもとで、崇徳館助教となり、生徒に素読《すどく》を教えるようになった。その音読は正鵠《せいこく》で、一字もおろそかにしない厳しいものであったという。

虎三郎は助教のとき、藩校内で古義学派と朱子学派の教授たちがいがみ合うことを憂いている。特に朱子学派の教官は、虎三郎のその曖昧な態度をなじった。それに対し虎三郎は「対立各学問を勉強することは、我が学問の良さや欠点を知ることとなり、大いに有益」

と答えたという。

師の高野松陰は小林虎三郎が江戸遊学を果たす一年前の嘉永二（一八四九）年二月一日に三十九歳で没するが、高野松陰から得た学問に対する姿勢や知識ははかりしれないものがあった。

崇徳館の人材教育

ここで、小林虎三郎の学識を養った藩校崇徳館について説明しておきたい。なぜならば、虎三郎がのちに、救援米百俵を学資に、新しく国漢学校を開設するが、その根本となったのが藩校崇徳館であったからである。しかし、崇徳館と国漢学校は、基本的には違う教育機関であり、また教育内容も違っていた。ところが、共通したテーマがあり、そのキーワードは人材の育成であった。教育が藩や国家に有用な人物を育てるという教育目標を掲げたことにあった。

「人の人たる所以《ゆえん》の道を講明して、その身を修め、しかしてのち、他の人々におよぼさなくてはならない。いたずらに、ただ記覧《きらん》をつとめ、詞章《ししょう》をつくり、声誉《せいよ》を釣り、利禄《りろく》を取るのみではない」と、その学規に述べていることからも、学問を職業とするような学者をつくるための藩校教育ではなく、社会有用な人物をつくるための教育を行うことが教育目標であった。

そのためには官学といわれた朱子学一辺倒の有能な人材だけをつくりあげるのではなく儒学各派をとり入れ、また藩校内のカリキュラム不足の者は、積極的に遊学させてもよいという方針があった。崇徳館の職員構成は、番頭格《ばんがしらかく》の書籍掛を頂点に都講・督学・教授・助教・監事などであったが、出身身分にとらわれず、学問に優れた者を任用し、二、三男で分家が分立できない者は、新たに扶持を与える制度もつくっていた。

このため幕末には、教授以上の教員のほとんどは、江戸遊学経験者であり、別家をたてた者も多かった。つまり、実力第一主義を藩校は採っていたことになる。

虎三郎が謹慎ののち、復活してくるのは崇徳館の存在が大きい。

虎三郎が佐久間象山のところで、兵学や砲術技術を学ぶが、その才能を藩校は必要とし、同時に虎三郎の教育理念が虎三郎に再び長岡藩政を担当させる機会を後年、与えるのである。

藩士の学問は従来、自己の家で行う家学であり、相伝のものであった。ところが藩校の出現によって、共同の講義がより藩士の教養を向上させる結果となった。

教科書は四書五経《ししょごきょう》はもちろん、文選《ぶんせん》にまで及んだ。試験には応命《おうめい》読《どく》と応命講《おうめいこう》があったが、その合格者は少なかった。

虎三郎はこれらの試験に合格したので、遊学を認められたと想像できる。

虎三郎の江戸遊学

嘉永三（一八五〇）年春に小林虎三郎は、三国峠を越えて江戸遊学に向かったというのが定説である。二十三歳の虎三郎は、藩中か

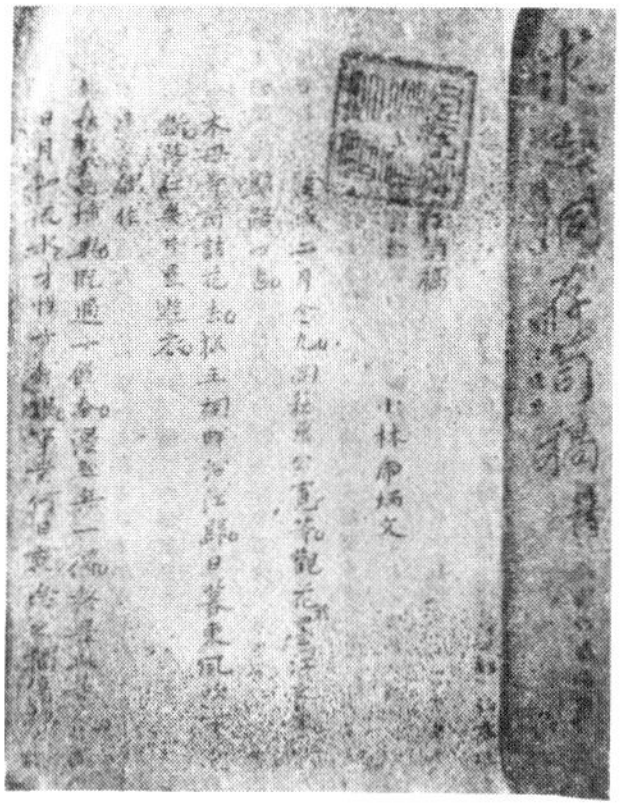

小林虎三郎自筆の「求志洞存笥稿」

ら選ばれての遊学であり、期待を背負った上府であった。
三国峠の感懐を詠じた漢詩も残っている。ところが、彼の著作を集成した『求志洞遺稿《きゅうしどういこう》』（虎三郎自筆のものを「求志洞存笥稿」という）に、その年の二月に江戸の春を楽しんだ漢詩がある。すでに萩原緑野《りょくや》の白鶴塾に入っていて、跡継ぎの息子と隅田川沿いをのぼり、天台宗の木母寺《きぼじ》をたずねている。萩原の塾は日本橋茸《か》屋《や》町にあった。

虎三郎はすでに他の門人とも打ち解けて、隅田川の春を楽しんだのである。二月が春であることはちがいないのだが、例年の冬ならば降雪の深さによって、三国峠の通行は閉ざされている。そうすると碓氷《うすい》峠越えで、江戸に向かったのであろうか。

萩原は当時、評判の朱子学者。藩主牧野忠恭や、やがて長岡藩に養子に入る丹後宮津藩主の子の本荘五郎麿《ごろうまろ》（牧野忠訓《ただくに》）が学ぶ。虎三郎はそれらのお傅《も》り役になるための江戸遊学であったかもしれない。

萩原緑野の教授法は厳格を極めたという。何しろ授業中は端座をくずさぬことはもちろん、姿勢が微動だにせぬことを要求したのだ。

しかし、萩原は詩文が巧みであり、白鶴塾で学んだ作文が、虎三郎の文藻《ぶんそう》を高めた。ところが、入門の翌年、萩原は没してしまう。そして、虎三郎は木挽町《こびきちょう》の佐久間象山の塾（象山書院ともいう）に居を移す。

これらは象山塾に住み込んだというのも定説だが、愛宕下《あたごした》の長岡藩中屋敷《なかやしき》の長屋にも、虎三郎の居室があったようであるから、決して、長岡藩と断絶したものではなかった。むしろ、一朝《いっちょう》、事があった場合、長岡藩の屋敷に駆けつける態勢であったというから、常在戦場の精神は、小林虎三郎も常に心得たものだった。

佐久間象山の門に入る

佐久間象山《ぞうざん》の門人帳ともいうべき『及門帳《きゅうもんろく》』に長岡藩関係者の名が連なっている。それによると虎三郎は嘉永四（一八五一）年に入

新潟県人物小伝 シリーズ

6刷出来

直江兼続

「利」を捨て「義」と「愛」を貫いた清廉の武将

花ケ前盛明 著

愛と義の知将　直江兼続の生涯を豊富な写真や資料も交え、分かりやすく紹介。巻末には系図、略年譜、関係人物解説なども収載。

●A5判／116ページ
●定価1,050円（本体1,000円＋税）

増刷出来

良寛

多くの人々から敬慕された良寛の人間像に迫る

加藤僖一 著

良寛研究の第一人者が、良寛の生涯を分かりやすくまとめた入門書。新潟が生んだ名僧良寛の生きかたをたどった1冊。

●A5判／112ページ
●定価1,050円（本体1,000円＋税）

増刷出来

河井継之助

豪儀な男　河井継之助の生涯をたどる

稲川明雄 著

怒濤のように押し寄せてきた新政府軍と戦い、無念の最期を遂げた長岡藩執政・河井継之助。「豪儀な男」の信念、先見性、藩政改革の背景を描く。

●A5判／118ページ
●定価1,050円（本体1,000円＋税）

増刷出来

山本五十六

この身滅ぼすべし、この志奪うべからず

稲川明雄 著

五十六の人間性は長岡の精神土壌のうえに成立していた。生い立ちから、真珠湾攻撃にいたる苦悩、ブーゲンビル島での無念の死までをたどる。

●A5判／118ページ
●定価1,050円（本体1,000円＋税）

お求めは書店で ※NIC新潟日報販売店からもお取り寄せできます。

新潟日報事業社 出版部

〒951-8131 新潟市中央区白山浦2-645-54
TEL 025-233-2100 FAX 025-230-1833

インターネットで書籍の紹介をしています。 新潟日報事業社 検索

門している。嘉永六年三月の「砲術門人々名簿」にも川島鋭次郎（億次郎、三島億二郎）河井継之助らとともに虎三郎の名がある。

象山のところでは朱子学、兵学、蘭学、砲術を学んだ。蘭学はオランダ語の習得にあったようだ。オランダ語は長岡城下に良き先生がいた。藩校の都講の山田愛之助である、号を到処、あるいは剣嶽というが、秀才だった。天保二（一八三一）年に高野松陰、木村鈍叟とともに遊学生に選ばれて上府したが、勉学に向かった先は伊東玄《げん》朴《ぼく》の芝蘭堂《しらんどう》だった。他の朱子学派の私塾では、幼稚すぎて面白くなかったというのが、その理由だったが、本当は異国の学問に魅力を感じての入門だった。

伊東玄朴は医家だったが、蘭方を専門にし、教授の間にオランダ語を教えた。山田は数年にして、オランダ語が堪能になって帰郷し、長岡城下でオランダ語を教えた。

新奇なものにあこがれる若い藩士たちが、山田愛之助のもとに集まり、オランダ語を勉強した。小林虎三郎、川島鋭次郎（億次郎）、河井継之助らである。やや下って鵜殿《うどの》団次郎なども学んでいる。

だから、小林虎三郎のオランダ語は確かなものだった。たちまち、群を抜いて象山塾の塾頭になっている。

思えば、天保九年に新潟町で、父又兵衛が我が子を象山に託そうとしたことが実現したのだった。また、虎三郎の砲術修業は、のちに役立ち、虎三郎自身が指南《しなん》に出掛けたりしている。

しかし、嘉永五年、二十五歳の虎三郎が詠んだ漢詩に「志業尚ほ成り難し」とあるところから、遊学の目的はオランダ語の習得や砲術修業だけではないことがうかがえる。

では「志業」とは何であろうか。

虎三郎の宿志とは何か

その漢詩は嘉永五（一八五二）年の正月元旦、祝いの屠蘇《とそ》の酒を飲んだときに詠まれたものである。一年の最初である元旦に、宿志を遂げることができず、酒を飲んでも赤面して恥ずることばかりだ

十一代藩主牧野忠恭

と詠む虎三郎の心境には、追いつめられた感懐があった。それは遊学の目的とは違った己の人生の不甲斐《ふがい》なさを嘆いたものにちがいない。

では、その宿志とは佐久間象山のもとで学問をするはずではなかったのか。事実、象山は虎三郎を愛し、伊豆地方の旅に連れていっているから、宿志の一端は象山のもとで遂げられるはずではなかったのかと思う。

しかし虎三郎の他の漢詩にも同様の不満が述べられている。たとえば「何の日か宿志を遂げ、帰郷久別を慰めん」という虎三郎は不遇な自己を慰め両親を懐かしんでいる詩がある。

そこで問題だが、虎三郎の宿志とは何かを想像してみたい。

それは主君の側に仕え、群吏をつかさどり、藩政を担当する地位に着くことではなかったろうか。父の又兵衛が若殿忠恭のお傅《も》り役となり上府した際の名誉を再び、小林虎三郎が実現することではなかっただろうか。

又兵衛は忠恭の初入部《はつにゅうぶ》にあたって、何も役目らしいことをして

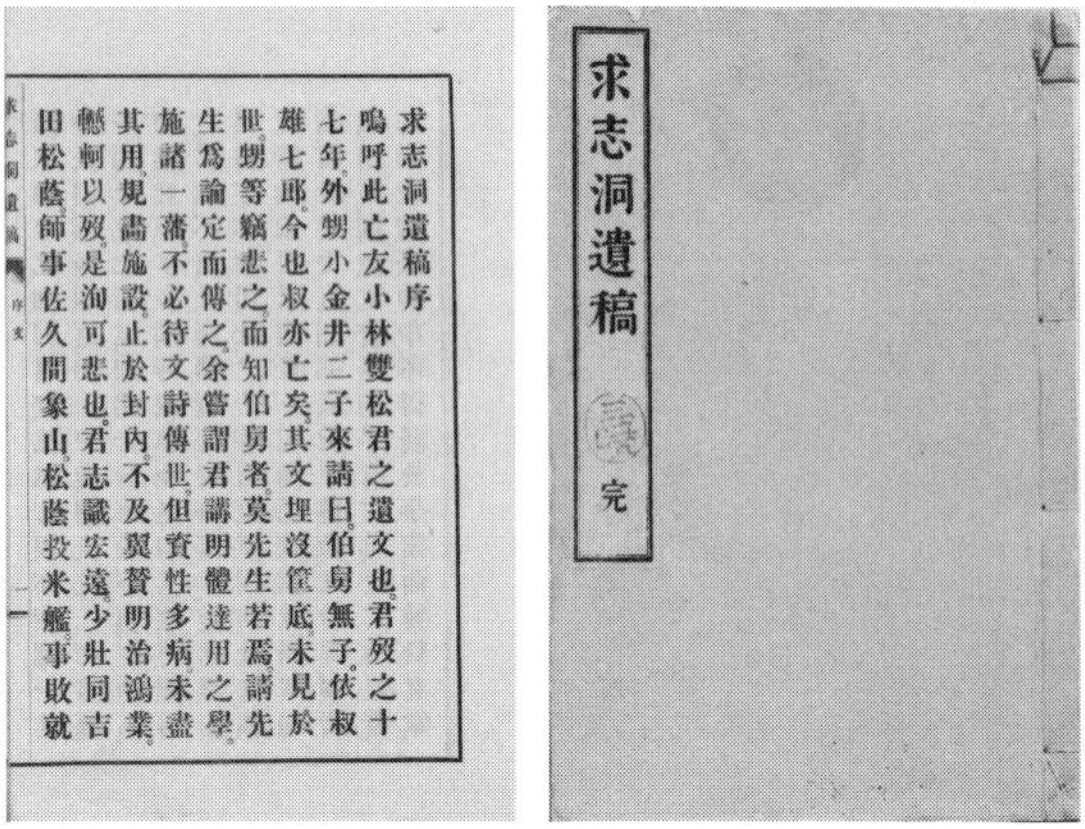

求志洞遺稿序
嗚呼此亡友小林雙松君之遺文也君歿之十
七年外甥小金井二子來請曰伯舅無子依叔
雄七郎今也叔亦亡矣其文埋沒篋底未見於
世甥等竊悲之而知伯舅者莫先生若焉請先
生爲論定而傳之余嘗謂君講明體達用之學
施諸一藩不必待文詩傳世但資性多病未盡
其用規畫施設止於封内不及翼贊明治鴻業
懣輒以歿是洵可悲也君志識宏遠少壯同吉
田松蔭師事佐久間象山松蔭投米艦事敗就
求志洞遺稿　序文　一

小林虎三郎の著作を収載した『求志洞遺稿』は虎三郎の甥の小金井権三郎・良精兄弟によって、明治二十七（一八九四）年に編さんされた。
（長岡市立中央図書館蔵）

いないし、忠恭のお傅り役を辞めてから、ほとんど無役《むやく》の日々を送っている。

嘉永三年に旅立つ際「宿志賢哲を学び、小人の儒《じゅ》たるを願《ねが》はず」とあるように、名と利を求めて、人に誇ろうとするような学者にはなりたくない、そのためには品格、教養ともに優れた学者に学んで、自己の志を果たそうと思うと詠んでいる。

ところが、萩原緑野が没し、佐久間象山のところで無聊《ぶりょう》をかこつことになってしまった。そのことを嘆く小林虎三郎。だが、後のことを考えてみると佐久間象山のもとにいたことが、小林虎三郎に運命を変えさせ、しかも誰よりも高潔《こうけつ》な人格者、教育者につくりあげる原動力を与えることになる。

吉田松陰を叱る

この話は本当かどうかわからないが、小林虎三郎が、象山塾の塾頭をしていた際、長州藩の吉田松陰が入門してきたことがあったという。これは松陰の日記ではあきらかでないので、一種の伝聞であろうが、吉田松陰と小林虎三郎は象門の二虎《にこ》といわれ、同時期に在塾し、席を争うなど勉学に励んだ仲であった。

話はこうだ。ある日、吉田松陰は佐久間象山の声名を聞いて、入門を請いに木挽町《こびきちょう》の象山塾をたずねた。そのとき応待にでたのが、長岡藩士の小林虎三郎。

松陰の旅姿をみて、虎三郎は、

「その身なりは入塾を請いに訪問する姿勢ではない。学問を修めにきたのであれば、まず身なりを整えなさい」と入門を断わったというのである。松陰はさすがに大人物であった。みずからの不明を詫び、「明日、あらためて参上したい旨」を伝えた。

そのときの松陰は蓬髪《ほうはつ》なうえに、旅装が汚く、汗まみれであったという。虎三郎は決して、身なりの正しさをいうのではなく「長州藩士吉田松陰」を名乗りさえすれば、入門許可がされると思い込んだ同年代の若者を諭したのである。

そして、翌日、衣服をあらためた吉田松陰があらわれ、再び入門を請うている。当然、佐久間象山に紹介し、その後は無二の親友となったとある。

四歳年下の吉田松陰の入門は、虎三郎にとって大きな刺激となったと考えられる。松陰は強い攘夷《じょうい》思想を持っており、行動的な人間だった。だが、攘夷をなぜするのかとか、日本国という世界観とか、敵を知らざれば己を知らずといった、当時では進取的な価値観を持っていた。その松陰と机を並べ、オランダ語を勉強し、ともに新しい人材教育について考えることができた。

ペリー来航

嘉永六（一八五三）年六月、幕末日本を震撼《しんかん》させたペリー提督《ていとく》が、東インド艦隊の黒船四隻を率いて浦賀沖にあらわれた。たった四隻のアメリカの軍艦に、当時の日本は翻弄《ほんろう》されたのである。

川島億次郎（のちの三島億二郎）
（「河井継之助傳」）

象山とその塾生たちは、この事件にいち早く反応し、浦賀沖まで見物に出掛けた。黒船は巨大で一隻の排水量が二千四百トンを超していた。それまでの日本の船はというと、千石船で百トンにみたなかった。それに左右の舷側《げんがわ》に大砲があって、ときおり空砲をぶっぱなしたから、人びとは雷鳴の恐ろしさと同様に恐懼《きょうく》した。

小林虎三郎は師の象山とともに行動した。長州藩の吉田松陰や、やや遅れたが川島億次郎も加わり、アメリカの軍事的圧力に屈しないことが、日本の将来のためになると話し合っている。

だが、幕府の外交は軟弱だった。結果からいえば、当時の日本はずるずると欧米列強に開国をせまられ、国内では攘夷運動が過激になっていく傾向となった。また朝廷と幕府の間は険悪《けんあく》となり、テロが各地に勃発した。

このころの虎三郎は、師の象山とともに悲憤慷慨《こうがい》。悪賢《わるがしこ》いアメリカ人を討つべしと声を高くして訴えている。

これらは同志を募り「ペリー伐《う》つべし」と暗殺計画まで企てられた。実際、川島億次郎は槍持ちになって、ペリーの顔つき、体躯を確認しているし、吉田松陰は金子重輔とともに、ペリーと刺し違える覚悟で渡航の意志を伝えようとした。これらの計画はのちに長岡藩主らの知るところとなり、虎三郎や億次郎の弾劾《だんがい》につながった。

ときに幕府外交の頂点にいた老中職に、長岡藩主第十代牧野忠雅がいた。筆頭老中阿部正弘とともに外交の梶《かじ》とりをしていた。ペリーが一旦、日本を引き払って、翌年に再度、来航するとして去った際、忠雅は在府藩士たちに開港策に対し、意見を求めたことがあった。虎三郎が師の象山にそのことを話すと、象山は虎三郎に神奈川開港を提案し、進言することを強くすすめた。このことが、虎三郎の運命を変えることになった。

虎三郎、罪を獲《え》る

そのことを聞いた阿部正弘が烈火のごとく怒《いか》ったという。「一陪《いちばい》臣《しん》ともあろう者が、幕政にいらぬ口出しをするな」と筆頭老中が言ったというが、腑《ふ》に落ちないところもある。

第一に神奈川開港策が、当時、現実的であったとすれば、幕閣の体面を汚すことにもなろうが、まず、下田開港が決まっているから一陪臣の意見を議する機会があったのか。

むしろ、小林虎三郎らの罪は別のところにあったのではないかと思う。

たちまち虎三郎は藩邸に幽閉させられ、国元に送られてしまう。同様に吉田松陰も国元に送られている。

それは安政元(一八五四)年春のことであった。

国元謹慎の処罰をうけた虎三郎は、自邸に幽閉されることになる。せっかく、父の又兵衛は、我が子虎三郎の遊学を嘱望して送り出したのだが、みずからが隠居、我が子の幽閉で落胆《たん》した。

自邸の門には竹矢来《たけやらい》が交差し、食禄の支給もままならぬ事態となった。しかも虎三郎は謹慎処分であったから、窓はふさがれて、昼も暗闇のなかで正座して一日をすごすことになった。

そんな虎三郎が、帰郷する際、師の象山から贈られた書簡を大切

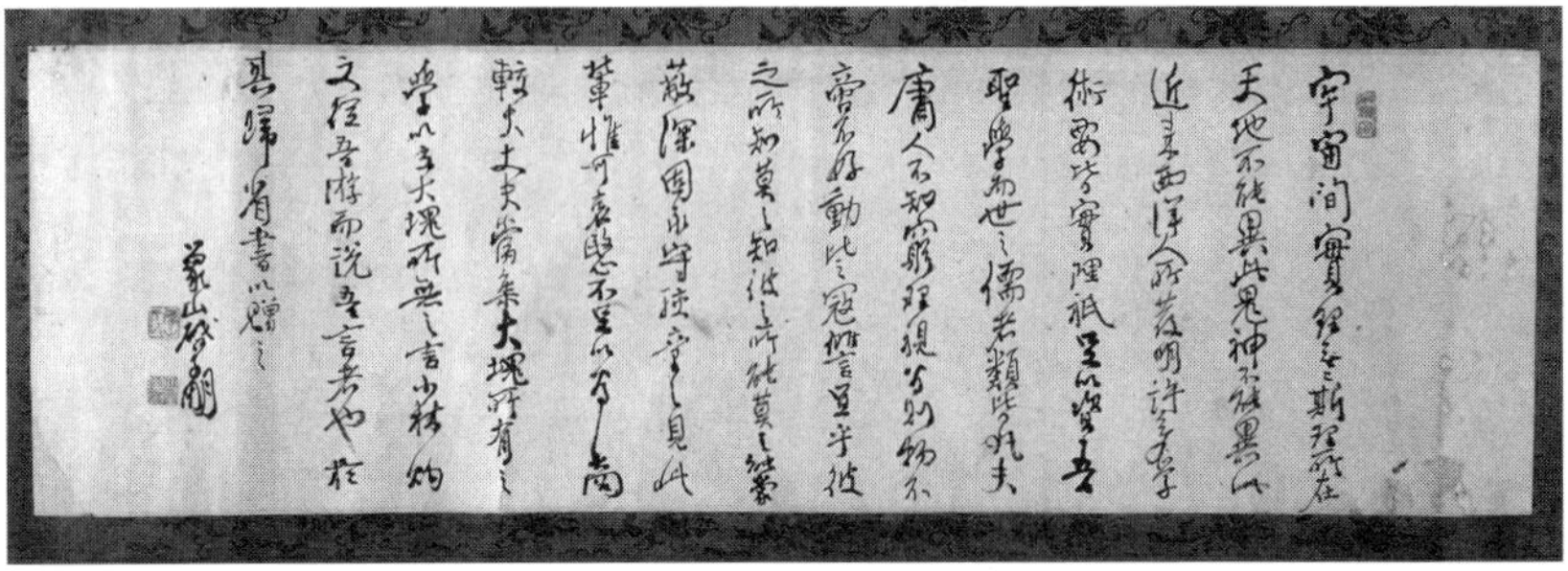

佐久間象山が小林虎三郎に贈った「贈小林炳文」の写し（長岡市立科学博物館蔵）

にし、また、象山の肖像写真を日夜、眺めてくらすことになった。肖像写真は象山みずから撮影し、虎三郎に送ったもので、のちに象山を紹介する代表的な写真となるものだ。

謹慎の要因をつくった佐久間象山に、恨み言のひとつもいわず、むしろ慕い尽くす虎三郎の精神は、まさに孟子の性善説に基く信念であろう。

虎三郎が肌身はなさず持っていた象山の書簡は、今に伝わっている。

宇宙の間、実理二《ふたつ》無し。斯《か》の理の存る所、天地も此れに異《たが》ふ能《あた》はず、鬼神も此れに異ふ能はず。近来、西洋人発明する所の許多《あまた》の学術、要は皆実理にして、祇《ただ》以て、吾が聖学に資するに足るのみ、而《しこう》して、世の儒物は、類《おおむ》ね皆凡人、庸人にして、窮理《きゅうり》を知らず。視《み》て別物を為し、啻《ただ》に好まざるのみならず、動《やや》もすれば、之を寇《こう》讐《しゅう》に比す。宜《むべ》なるかな、彼の知るところ、之を知る莫《な》く、彼の能《よ》くするところ、之を能くする莫きや。蒙蔽深古《もうへいしんこ》、永く孩童《がいどう》の見《けん》を守る。此の輩、惟々哀憐す可きのみ。以て商較《しょうこう》を為すに足らず。大丈夫、当《まさ》に大塊《たいかい》有る所の学を集め、以て大塊無き所の言を立つべし。小林炳文《あきふみ》は吾に従って淤《お》び、吾が言を説《よろこ》ぶ者なり。其の帰省するに於て、書して、以て之を贈る。

この書を幽閉中にかたわらに置き、自省したという。

妻有郷の蒼龍岡

当時の藩法に従えば、譴責《けんせき》を受けた者はお宥《ゆる》しがでるまで、自邸内に幽閉されることになっていた。つまり、やたらに外出して、朋輩などと交遊をはかってはいけないというのである。「国元に謹慎だ」と命じられたのだから、家族も不名誉なことであったので、外出させなかった。

虎三郎がどのような謹慎生活を送ったかはかりしれないが、間も

丸山楚香（湘雲）碑（十日町市水沢・八幡宮）

なく発病した。最初はリウマチと腎臓《じんぞう》病のようだとあるから、毎日正座をつづけ、排尿がうまくいかなかったのであろう。生涯、酒豪だったと伝えられているから憂憤《ゆうふん》のあまりに、深酒がすぎたのだとも考えられなくないが、むしろ虎三郎の性格から、キチンとした謹慎生活からくる疲労が原因でなかったろうか。

そこで、父又兵衛と母の久は藩庁に願いでて、温泉療治に出すことを願ったのだろう。それは安政二（一八五五）年の秋のころであった。

だいたい虎三郎への処罰は理不尽なものであった。当然、多少の同情が虎三郎に集まっていたとみてよい。一説によれば隠居させられたから、惣髪《そうはつ》になったという話もあるが、このとき、許されて領外にでて、療養に専念できることになった。

行く先は越後中魚沼の妻有郷《つまりごう》である。そこは山紫水明の里であり、そこここに温泉もあった。滞在先は水沢村の漢学者兼医家の丸山楚香《そこう》という学者の家であった。

丸山楚香は通称を退三といい、また、湘雲と号した。彼はもと長岡藩領の川西組福戸村大荒戸《おおあらと》の田中家に生まれた。幼くして向学心に燃え、江戸に上《のぼ》り梁川星巌《やながわせいがん》の門に入り、京にも上り、研学に励んだ。そして、故郷に帰る途中に水沢村にとどまり、里正《むらおさ》丸山氏の籍に入った人物であった。

もしかすると、父の又兵衛なりが丸山と知己であったかもしれない。

丸山はみずからの家を、忘機草廬《ぼうきそうろ》と名付けて学生を集めていた。虎三郎はそこに半年余り滞在している。

虎三郎はそこで、大いにいままでの学識を披露したらしく、丸山が虎三郎に別名を付けてほしいと頼むと「蒼龍岡」と名付けている。河井継之助も三島億二郎も伝記のなかで、妻有郷をたずねているので、虎三郎が滞在していた半年余りのうちに、出掛けていったのかもしれない。

読書と行灯

安政二（一八五五）年から六年までの間、虎三郎は多くの書物を読んでいる。それは詩作「方灯《ほうとう》の説」にも著されていて「余、罪を獲《え》て帰り、閑居して書を読む」にも説明されている。方灯は角行灯《かくあんどん》で特別に大きなものであったらしい。それも小林家に代々、伝わった行灯であったが、不便だったから、それまで使われなかった。

初め、虎三郎は普通の行灯の明かりで書物を読んだ。ところが、火光も弱く、机上の書物を照らすことがよくできなかった。そこで虎三郎は角行灯を持ち出し使ってみると、よくみえるようになったという。

そうすると、書物の文字がよくみえるだけでなく、内容もよくわかり、新しい発見ができるようになった。読書の意欲もわいた。しかし、その一方で、こういった読書が何のためのものかむなしくなることもあった。

いまに残る「雪窓閑話《せきそうかんわ》」という虎三郎の手録は、このときのものかもしれない。読書で思いが通じた箇所を抜き書きしたものだった。

窓は現在のようなものではない。蔀戸《しとみど》で、戸を下から上へ、外向きにはねあげて、つっかい棒で支えた。しかし、冬の晴れた日に窓をあけると、新鮮な冷気とともに雪の白さに感動する。そんな風景をみるのが虎三郎の楽しみだった。

「雪窓閑話」は、ほぼ日本の歴史上の出来事が綴られている。若い虎三郎がなぜ日本歴史に興味を持ったかを考えると、それは、幽閉されている自己をみつめていたにほかならないと思う。「己はどこから来て、どこへ行くのか」「何のために生まれたのか」を考えると、自己のルーツを調べたくなるものだ。従来、儒学者は『春秋左氏伝』などの中国の歴史書を読んで、理想的国家を中国に求めていた。

そんな風潮に、虎三郎は疑問を感じ『大日本外史』などの日本の歴史書を読むようになった。ときおり、たずねてくる河井継之助にも同著を読むようにすすめている。律義な継之助はそれを筆写したが、虎三郎は主に敗亡の歴史を抜き書きしている。そのことがのちに虎三郎が編さんする『小学国史』の基となった。

興学私議を著す

安政五（一八五八）年八月二十三日、十代長岡藩主牧野忠雅が没した。死因はコレラだった。享年六十歳。筆頭老中阿部正弘の急死により、忠雅は老中職を前年に辞していたが、幕閣では溜《たま》り間詰《まづめ》の大名となり、会津侯・彦根侯などと、江戸城内の同じ部屋に控え、徳川家門と同格となり、重きを成した。

忠雅の死は、虎三郎に転機を与えた。同時に父又兵衛も没し、小林家は虎三郎が家督を引き継ぐような結果となった。「ような」とは奇妙な表現だが、忠雅没後、謹慎が解かれて、虎三郎は晴れて自由の身となったということであろう。しかし、小林家が以前の役職には、復帰できない仕組みとなってしまっていた。

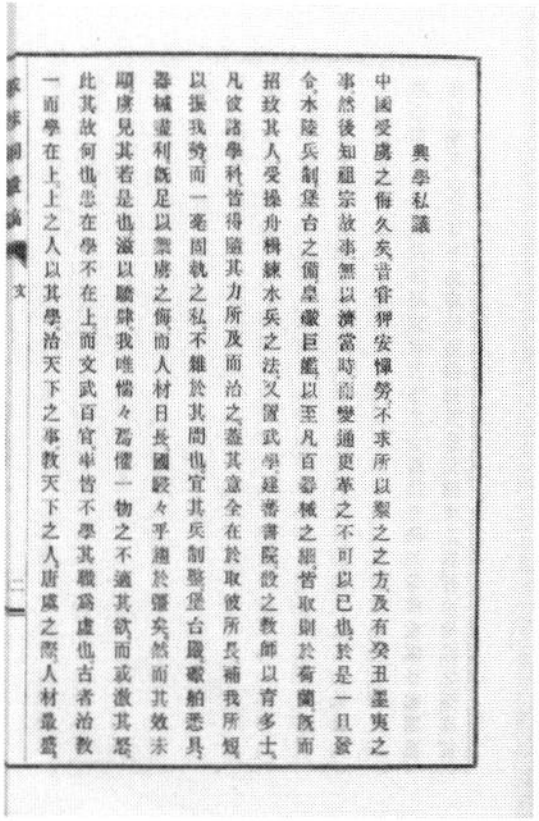
興學私議
中國受虜之侮久矣昔睿狎安憚勞不求所以禦之之方及有癸丑墨夷之
事然後知祖宗故事無以濟當時而變通更革之不可以已也於是一旦發
令水陸兵制堡台之備[illegible]艦巨艦以至凡百器械之細皆取則於荷蘭既而
招致其人受操舟[illegible]練水兵之法又置武學建蕃書院設之教師以育多士
凡彼諸學科皆得隨其力所及而治之蓋其意全在於取彼所長補我所短
以振我勢而一毫固執之私不雜於其間也宜其兵制堡台戰艦悉具
器械盡利既足以禦虜之侮而人材日長國毅々乎趨於彊矣然而其效未
顯虜見其若是也滋以驕肆我唯惴々焉懼一物之不適其欲而或激其怒
此其故何也患在學不在上而文武百官率皆不學其職爲虛也古者治教
一而學在上上之人以其學治天下之事教天下之人唐虞之際人材最盛

『求志洞遺稿』内の「興学私議」の冒頭（長岡市立中央図書館蔵）

家督を継いでも無役で、ときおり散歩のほかは、読書三昧の毎日だった。そんななかに著した「興学私議《こうがくしぎ》」は、このの ち長岡藩の運命を変えることになる。

「興学私議」はのちに米百俵の故事につながり、国漢学校設立の基本理念となる小林虎三郎の上申書《じょうしんしょ》である。私議というからには、私案であり、藩庁に上申して取りあげられてもらう一縷《いちる》の希望をもって、書き上げたものであった。恐らく、上申した安政六年春には、藩内の誰もが読んでみようともしなかったものであった。

そもそも、興学私議は藩の未来を思う悲憤にかられて書き上げたものであった。虎三郎が、古今東西の歴史書をひもといてみて「国の興亡には富強策が必ずある」という結論に達したものが私議という形になった。その富強となる力が教育だと興学私議が主張した。だいたい、政《まつりごと》には教育が大切だ。そのためには「学を興し、材を育し、以て経綸《けいりん》の務を成す」ことからしなければならない。つまり、「教育をさかんにし、人材を育成すれば、政治はおのずからよくなる」と説いたのである。

それは六年にわたる幽閉生活で、百科の書を熟覧し、沈思黙考をした結論でもあった。

興学私議について

もう少し「興学私議」の内容を探ってみよう。そうすると虎三郎の主張が理解できると思う。

我が日本国は泰平になれて、外国の脅威にさらされてしまった。ここにおいて、急務は改革を早急に実現させて、兵制、台場、大砲などのあらゆる近代装備をオランダ兵制に改めるべきものだと考える。

そのためには、指導者を招き、兵学所などを設立し、外国書を輸入しなければならない。外国の指導者は、教師を育て多士を教育することが得意である。およそ、その学ぶところは「彼の長ずる所を取って、我が短き所を補う」ことが、我が国の振興につながる。

現在、我が国の役人は、学ぶこともせずに職に就いているものが多い。為政者こそ、学識を修めて天下を治め、天下の人民に知識を教えることが重要である。中国の故事をみるに、良い国家は、皆、学問を建て、人材を選抜して登用して、国家が富強となっている。我が国でも源氏などの良い為政者は同様のことを行っている。

我が徳川家康公も、その治政はみるべきものが多かったが、当時の儒臣たちが鎖国を進言したため、以来二百余年にわたり兵制の改革が実現しなかった。また、学者は私見をもって教育を職としている者が多い。これでは人材が育たない。

いまこそ、改革のための計画を立てて、実行に移すべきである。それは執政たる者の責任ではないか。そして、また、諸産業を興して財を豊かにすることが大切である。そのためには貿易を利用し、物産をさかんにする学問を導入してもよいと思う。それが地力を増して国家が富強になる基である。

上にある者はもちろん、文武百官も当然知識を学び教養を広めて人材を育てなければならない。

また、その教養は人の道、つまり道徳を本とし、そして技術知識を兼ね備えたものをいうのであって、どちらかに偏っては実力を発揮できないものである。みずからを正しくし、世のためになるものを製する人材でなければならない。そのためには大学、武学、蕃書《ばんしょ》院《いん》を充実して、道徳と芸術の最高教育機関とすること。教師の数を増やすが、その選は厳しくし、華を去って実をとる教科を求めること。クラスは四十人以下とし、五人をもって組とし、総長をたてて、勤惰を監督させることなどが、その内容であった。

なかでも、普通教育の小学の教えを重んじ、それを習得することを肝要だとした。これによって、すべての人は教育にすすまざるを得なくなり、これがすなわち教養を広めて人材を育てる結果となる。その人材が力行すれば、富強の国家をつくりあげることができるとしている。

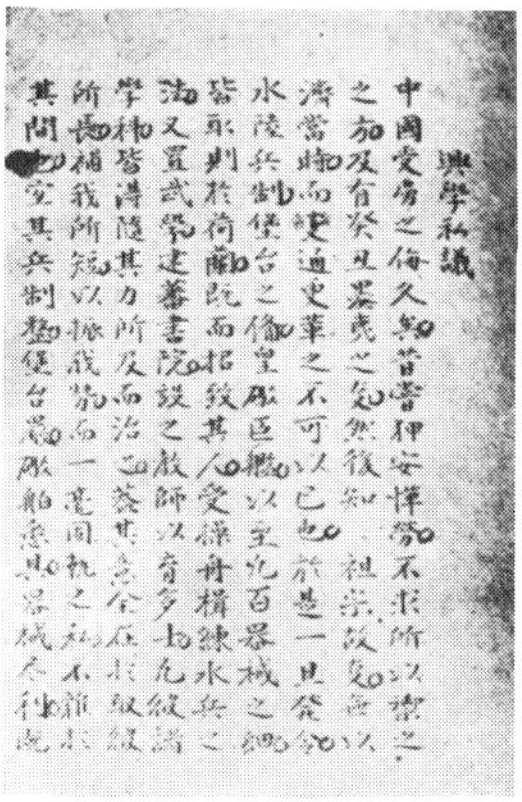

小林虎三郎自筆の「求志洞存笥稿」から「興学私議」の冒頭

興学私議のねらい

小林虎三郎の「興学私議」のなかでいう人主《じんしゅ》の学について、焦点をあててみたい。人主とは人の上に立つ主であるから、君主の学問をさすのであろう。

しかし、虎三郎はその昔、主君はよく知識を持っていたが、最近の領主は政《まつりごと》を家臣に任せ、学ばずして領主になっていると嘆いている。「興学私議」のなかでは、なかなか具体的に、その例を出すことははばかられたが、新しく十一代藩主となった牧野忠恭や養継嗣子となる五郎麿（忠訓《ただくに》）の教育にも触れている。

虎三郎は嘉永年間、世子の牧野忠恭と一緒に萩原緑野の門に入っているし、また、父の又兵衛は若君のお傅《も》り役となっている。

そんな体験や父からの遺言からも、人主の学という文字を、「興学私議」に入れたのではないかと考えられる。

「君《くん》の職は至って重し。而して、人生まれながらにして貴き者なし」とは、虎三郎の強い主観であり、「士庶人の子と同じく大学に入る」とある。決して、主君だといって特別扱いをせず、「徳を以って衆にあらわす」ような教養を持つ主君をつくりだすというのである。

君主が徳のある人物でなければならないという提言は、大胆なものであった。その根底にあるのは、人（衆）は、読み書きソロバンを習い、道徳心を備える教育をうける必要があり、そのことができなければ、国家も富強にはできず、主君の忠にもならないという主張があった。

すなわち、人こそが主であり、この世を動かす大きな力だということを、「興学私議」のなかで述べたかった。

それは主君といえども、政治判断を誤ることがあるということを痛烈に皮肉った論考であったといえる。

そもそも「興学私議」は、藩（国）を思う悲憤にかられて書きとどめたものであった。教育をさかんにし、人材を育成すれば政治の実務はおのずからよくなると説いた。人材は百工を生み、商工業をさかんにする。そうすれば国は富み、兵は強くなり、外国の脅威にも屈しない国家ができあがる。これがすなわち地方の物産を殖《ふ》やす、というのである。

教育とは何か

象山門下のもう一人の虎であった長州藩の吉田寅次郎（松陰）は、国元に蟄居させられると、松下村塾を開き、後進を育てている。その吉田松陰も、安政の大獄によって斬刑に処せられた。そのことを虎三郎が知ったのは、後年のことである。

長岡藩の小林虎三郎が後進を指導しなかったといえば、嘘になる。安政二（一八五五）年ごろ、長岡商人の渡辺六松《ろくまつ》や岸宇吉《うきち》に西洋数字を教えている。『岸宇吉伝』によれば「養子として、きし屋に入った宇吉を、養母が虎三郎のところにつれていき、勉強を教えてほしい」と頼んだとある。そこで教わったのが西洋数字や数量だった。また論語や実語教《じつごきょう》なども虎三郎が教えた。

岸宇吉（長岡市立中央図書館蔵）

同様に長岡商人の渡辺六松も『奮闘之長岡』という明治時代の長岡の商工業を回顧した図書のなかで、虎三郎から西洋数字を教わったので、明治になってから大変に役立ったと述べている。岸宇吉は天保十（一八三九）年、新潟町の町人山本平兵衛家に生まれ、十五歳のとき長岡の岸家に養子に入った。

岸家が経営するきし屋は、はじめ古着商だったらしいが、宇吉がいち早く唐物商に鞍替えして大儲けをしている。渡辺六松も戊辰戦争中に米の買い付けなどをした才覚者であった。

虎三郎は藩内の子弟には自宅を開放して私塾を開いていていないから、何らかの藩庁からの制約があったのかもしれない。その範疇をくぐって、商人や農民のなかから小林虎三郎のところに勉学を習いに行った人たちがいた。同時に、虎三郎自身も農村や町の寺小屋や私塾を訪問したのだろう。

その最たるものは、長岡藩領西組河根川村《こうねがわ》（長岡市河根川町）の青柳剛斎との交流であった。剛斎は虎三郎より四歳年下の儒学者だった。剛斎は村夫子《そんぷうし》であると同時に、近在の子どもを集めて私塾を開いていた。のちにその私塾は青莪義塾《せいがぎじゅく》と名を改めるが、虎三郎と付き合った時代は、柳子健《りゅうしけん》と称し、学問好きな風流人であった。

青柳剛斎との出会い

青柳剛斎はなかなかの聖者であったらしい。また名がしめすように剛の者で、長岡藩の侍などにペコペコすることもなかった。

剛斎とは安政四、五年ごろから付き合い始めたようだ。そのころの虎三郎の病状は、医家の丸山楚香の指導もあって、安定していたらしい。むしろ「もう治癒《ちゆ》することはない」と宣言された虎三郎には、病に対して開き直った感があった。そうなると私欲がなくなり、世の中のこともよくみえるようになった。

藩中の儒学者と交わるよりも、足軽層の者や領内外の農民層と付き合い、民情を聴く方が楽しくなった。そのなかに、儒学を勉強している者が必ず何人かいた。

長沢赤城（金太郎）書
（長岡市立中央図書館蔵）

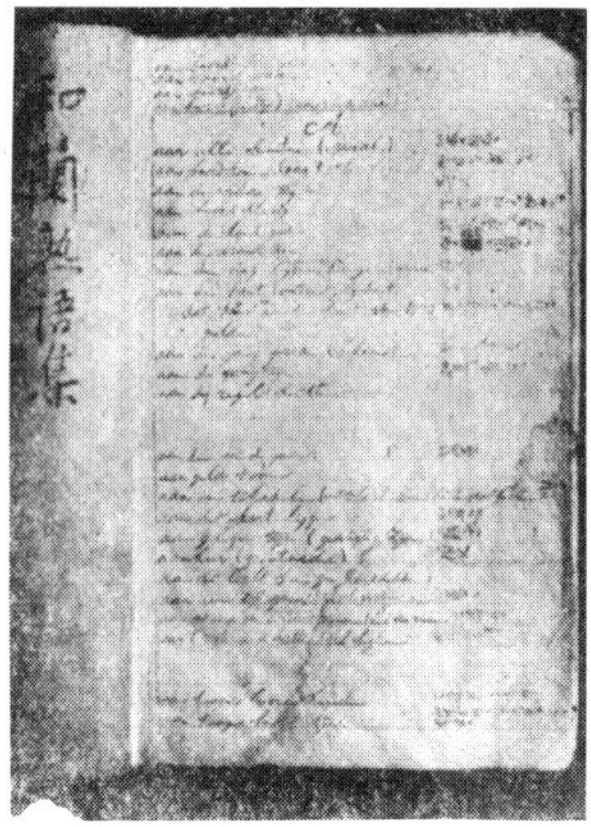

小林虎三郎自筆の「和蘭熟語集」

その代表格が足軽出身の長沢赤水《せきすい》、赤城（金太郎）親子であり、また農民出身の青柳剛斎だった。

江戸の昌平坂学問所に学んだ剛斎の博識ぶりには、虎三郎も敬服したが、何よりも議論好きが面白かった。しかも訥弁《とつべん》で、泡を吹いたような口吻《こうふん》ぶりが好ましかった。

「貴殿はオランダ語を修めたといわれるが、そんな役に立たぬ学問に精進されることはいかがなものか」と歯に衣《きぬ》を着せぬ訥々としたものの言いようだった。実は長岡藩士のなかでは、オランダ語修業がはやっていて、やたら、意味不明な外国語がまかり通っていた。それがむしろ、若い長岡藩士のステータスでもあった。

青柳剛斎はそんな長岡藩中を嘆いたのである。虎三郎は剛斎に対し「貴兄は窮理を求め、学問に精をお出しのようだが、理を解する手段として、オランダ語を学び、ものの原理を知ることが大切だ」と反論している。

「ならば、貴殿の病をオランダ医術でなおさっしゃい」と反論するような人物だったと、虎三郎は述懐している。この青柳剛斎とは国漢学校廃校後にまた出会うことになるが、虎三郎はその人物評を明善誠身だと賛辞している。明善とは「中庸」にあるが、人は生まれながらに善性であり、誠実さが備《そな》わっているという意味である。対話していると剛斎の人間性が誠意にあふれているというのである。それは生徒の特性や個性を育てる教育者の姿だと虎三郎は思うようになる。

青柳剛斎の碑（長岡市河根川町）

青柳剛斎の教育

河根川村は信濃川左岸にある。城下から草生津の渡しか槙下《まきした》の渡しを舟で渡って、徒歩で一里（約四キロメートル）くらいはあった。

青柳剛斎に会ってみると、己のいままでの勉学が何のためにあったかが疑問となった。目の前の剛斎は、ただ酒をくみかわし詩を吟じて、風花雪月を楽しむふうがあった。そんな剛斎のもとに農民の子どもたちが通ってくる。読み書きソロバンを習い、論語を音読す

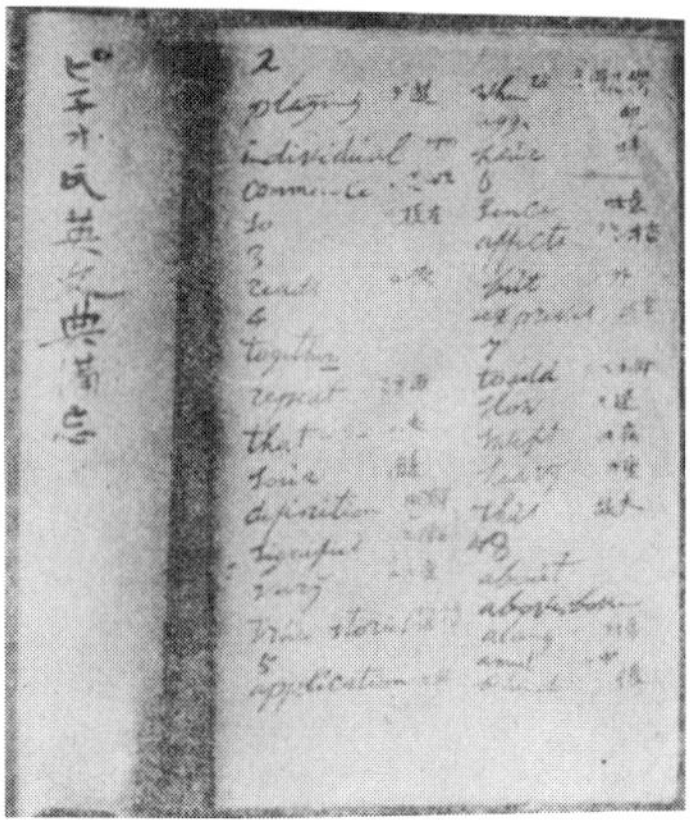

小林虎三郎は英語も勉強している。虎三郎自筆の「英文典備忘」

る。ただ、それだけの勉学だが、子どもたちの顔は嬉々としていた。教科書も筆写したもので代々引き継がれているらしく、薄汚れていた。習字は地面に棒で文字を書いた。

農家にとって、子どもは大切な働き手でもある。その子どもたちを親たちが剛斎先生のところに通わせる。そんな一村の教育の様子に触れて、虎三郎は己の人生を振りかえるのである。

父の又兵衛から受けた素読。藩校崇徳館での質問生。そして江戸遊学での萩原緑野の白鶴塾。佐久間象山に学んだオランダ語や世界観。

そういえば、江戸では上野の山で桜を一日楽しんだ。象山先生の供をして、伊豆や鎌倉などにも行った。ペリー来航に際しては、浦賀沖まで見物に行ったものだなど虎三郎の脳裏に、いままでの思い出が走馬灯のように駆けめぐった。

虎三郎と同様に、師の佐久間象山も故郷の信州松代に幽閉されていると聞いていた。隣国の清は外国の侵略にさらされ、阿片戦争が勃発していた。欧米列強が、日本を侵略しかねない脅威が、虎三郎の危惧であった。

ところが、河根川村の私塾をたずねると、まさに春風駘蕩《たいとう》。のびやかに子どもたちが学問を楽しみ、素読や習字などの業間に野原に出て遊ぶ姿をみて、虎三郎は教育とは何かを、深く沈考したのだ。

済世館の田中脩道

長岡藩医田中脩道《しゅうどう》との出会いが、虎三郎の人格形成に大きな影響を与えている。脩道は明治五（一八七二）年に六十八歳で没しているから　虎三郎より二十三歳も年上の漢方医であると同時に儒学者でもあった。それも脩道は朱子学を専攻し、学識が高かった。

医家であるから、通称を春東《しゅんとう》という。ところが、人はその業績から脩道先生と呼んだ。つまり「医は仁術なり」を主唱し、行状がきわめて道徳的であった。いや、より人道的であったと評価してよいと思う。

その要因には、母の訓育がある。父を早く失った脩道は母に養われ、二十一歳の文化八（一八一一）年に江戸詰の藩医柴田芸庵《うんあん》に医学を修め、同時に昌平坂学問所頭取の佐藤一斎に儒学を学んだ経緯があった。芸庵は幕府の奥医師に選ばれたほどの名医。「長岡藩に惜しきもの二品《にほん》あり、油鳥毛《あぶらとりげ》の長槍に柴田芸庵」と江戸市中にうたわれた。その医術を学ぶとともに、佐藤一斎仕込みの朱子学である。帰郷すると断然、衆をしのぐほどの名声を得て、主君の牧野忠精・忠雅も一目を置く人物となった。

帰郷は母の病気であった。そのまま江戸にとどまれば、ひとかどの人物になっていたろうに、その名声をなげうっての帰郷であった。

人となりは、「忠孝を尚《たっと》び、節義を重んじ、士道を矜持《きょうじ》した」人生であったという。早くから外国の脅威を主張し、嘉永二（一八四九）年、ペリー来航の四年前に海防策をあげている。また嘉永五年に医学取締にあげられ、翌六年にいままで主唱していた医師養成所である「済世館《さいせいかん》」を藩主に懇願して建設している。その済世館は医学を

愛用の盃

志す者であれば、身分にかかわりなく入館できたという。

そんな人格者の田中脩道に、虎三郎は病気がちだったからこそ付き合うことができた。それも朱子学を学ぶ師弟の間がらでもあったらしい。それに脩道は梁川星巌と交流があったから、丸山楚香に虎三郎の治療を託したのも、田中脩道であったかもしれない。

虎三郎は鬱憤が昂《こう》ずると大酒を飲むことがあった。この性癖は生涯なおらず、肝臓を痛めるのだが、脩道や小山良運《こやまりょううん》、町医の佐藤寛《かん》斎《さい》などと深交するようになる。

彼ら医学者が、その技術を支える根底にしていた学識が朱子学などの儒教であった。人を救う仁術こそ、学問の最たる志ではないかと虎三郎は、病床から、脩道らを通じて教えられている。

このため、明治となって、虎三郎は脩道に書を贈り、その済世思想の教示を感謝するとともに、労をねぎらっている。

書屋を求志洞と名付ける

安政二（一八五五）年十月の江戸大地震は、死傷十余万人に及ぶ多くの犠牲者を出したが、幸い虎三郎は帰郷していて無事であった。河井や川島なども帰郷し、災禍に遭わなかったが、江戸藩邸内では倒壊による死人も出ている。

そんな被害の状況が伝わると、虎三郎はその犠牲者に深い哀悼の情をしめしている。自分だけが生き残ってしまったと愁《うれ》えるところに虎三郎のやさしさがみられる。

同じく、外国が武力を持って開国を迫っていることに懸念をしめしている。その脅威はロシア皇帝だとしているところが面白い。その対策は我が国（藩も含めて）が自ら強くなることであり、早急に兵備を整えることであるとした提言を虎三郎は発している。

そうした提言は、彼が書屋にしていた屋敷を「求志洞」と名付けたことにあった。すなわち論語にある「野にあっても、世の中と絶

2010 新潟アートギャラリー

残部僅少！

新潟日報社 編

「日本画」「洋画」「版画」「彫刻」「工芸」「書道」「写真」「造形・デザイン」の各分野で活躍する、新潟県出身または**県内ゆかりの芸術家およそ六〇〇名を紹介**。県内の主な美術団体や美術館・博物館の情報も収録。

B5判／408ページ／定価**3,360円**（本体3,200円＋税）

お求めは書店で。
NIC新潟日報販売店からも
お取り寄せできます。
新潟日報事業社 出版部

〒951-8131 新潟市中央区白山浦2-645-54
tel025-233-2100(直通) fax025-230-1833

インターネットで書籍の紹介をしています。
http://nnj-book.jp/

縁せず、みずからを向上させることこそ、世の中が向上することにつながる」とした訓《おし》えに基づいている。隠遁生活をするのではなく、幽閉生活のなかでも、みずからの知識、人格を磨くことこそが社会生活の向上につながるという積極的な生き方の姿勢である。

そのころの漢詩に

天に万古の月あり
我に万古の心あり
清夜高楼の上
欄に憑《よ》って聊《いささ》か襟を開く
天上万古の月
我が万古の心を照らす

というのがあるが、自分が国を思う心を知っているのは天上の月だけが知っているとした心境を詠じている。これをみても虎三郎の求志の心は政治の世界に向いていたのである。

小林家の火災

文久三（一八六三）年十一月二十日、長岡城下長町《ながちょう》の小林虎三郎家が全焼した。そのころ、灯火などを使うことが多く、火災がよく発生した。

小林家の火災は火の回りが早く、家財や書籍などをほとんど持ち出せず、焼け落ちたらしい。新暦にすれば十二月三十日ごろだから、もう城下は、雪におおいつくされていたかもしれない。

この火災で虎三郎は、いままで収集した万巻の書を失ったことを嘆いている。そのことがよほど悔しかったのか、のちに城下今朝白《けさじろ》町《ちょう》に新居を構えた際に「図書千巻灰塵に委《き》す」の漢詩を詠じている。当時の藩法に従えば、天災などで類焼したほかは、たとえ不可抗力の失火であろうとも、そのままの屋敷地に再建などできなかった。やむなく、家族ともども長町から今朝白町北端の明屋敷《あきやしき》へ移った。そこは北と西側に湿地が面し、北風をまともに受ける悪条件が重

河井継之助（長岡市立中央図書館蔵）

なった屋敷地であった。虎三郎はそこを新居としているが、おそらく建物が古く家財とて少ない最悪の場所であったにちがいない。その新居を再び求志洞と名付けている。

この火災に際して、河井継之助が虎三郎の境遇を哀れんで、当面の家財一式を贈呈した話がある。以前から、互いに批判し合った仲だから、世間も、その友情に驚いたくらいであったという。

文久三年十一月といえば、継之助は京都所司代公用人の職を辞して帰郷している。継之助にとっても失意のころであったが、虎三郎の災禍を知って、家財一式を贈った。

虎三郎はこの友情に対して、深く謝するとともに、「僕は何も返礼するものを持たない。そこで、そこもとの行儀や政《まつりごと》に意見をしよう」と滔々《とうとう》と批判を並べたてたと伝えられる。これにはさすがの継之助も閉口して、義兄の梛野嘉兵衛《なぎのかへえ》のところに行き「あの、くされ学者がこの俺に意見をした」とにこにこと説明したと伝えられている。このことについて、詳述すると、つぎのような説明となる。

佐久間象山（真田宝物館蔵）

河井継之助を批判する

安政七（万延元・一八六〇）年三月三日、大老井伊直弼を水戸浪士などが襲う桜田門外の変が起こった。政局はにわかに変転し、幕閣の幕政は朝令暮改のように政策が変わった。

そんな政局に長岡藩自体が巻き込まれていく。十一代藩主牧野忠恭は桜田門番を命ぜられ、幕閣の出世コースに乗ってしまう。それは老中職を二代続けた名門牧野家の当然の処遇であったのだが、時局が悪すぎた。

間もなく老中安藤信睦を襲う坂下門外の変が勃発し、長岡藩主牧野忠恭が与力として対応した。このとき、河井継之助の処理能力は優れて、幕府役人も舌を巻いたといわれている。

それから間もなくして、藩主は京都所司代職となった。家老山本帯刀や奉行の三間安右衛門、公用人の安田鉚蔵《りゅうぞう》ら二十七、八名の家臣をつれて京都へ旅立った。

山田方谷像
（小倉魚禾筆・高梁方谷会蔵）

河井継之助はその性格から政局が不安定な京都駐在が物議を醸す懸念があるとして、帰国を命ぜられた。継之助にしてみれば、手腕の発揮のしどころなのだが、門閥の意見にさえぎられて不満が昂じての帰郷であった。

しかし、京の政局は混迷し長岡藩が対応に苦慮したため、また京都に急きょ呼ばれ、結局、主君に辞職を迫った。

そして、主君は所司代職を辞した。そんな一連の継之助の行儀を虎三郎は叱ったのであろう。

継之助から荷物を受けとるや否や議論となった。

そもそも、二人は子どものころから行儀が違った。同じ町内に住み、気心も知れたが、一方は内省的で、他方は積極的だった。師の象山評でも好悪が分かれた。継之助の師であった備中松山藩儒の山田方谷は、佐久間象山を評して謙譲の美徳さえない人物だとした。ところが虎三郎は生涯の師を佐久間象山としている。

どこが違うといえば儒学でいう「格物致知」の解釈であったろうか。一方は朱子学。他方は陽明学であるが、ともに良く致すことは

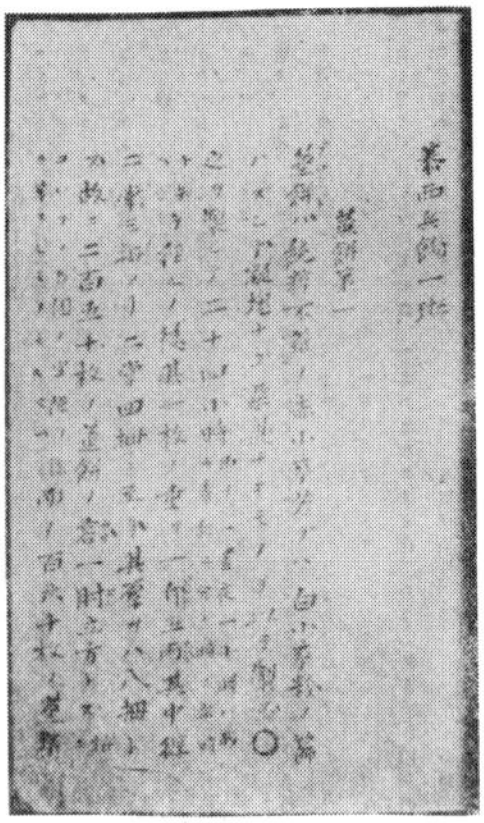

小林虎三郎自筆の「泰西兵餉一斑」

同様であるが、本質つまり窮理を理解してから行うとする朱子学に対し、作用、つまり知行合一をモットーとした違いが二人の間にあらわれたのだろう。

「そこもとは紛争の渦中に身を置き、即断を本念としているようであるが、それは我が藩を窮地に追い込む結果にはならないか」と虎三郎は諭したのではないかと思う。

佳辰

このころの漢詩に「佳辰《かしん》」とか「良辰」という字句が出てくる。いわずとしれた「辰（あした）を佳《よ》くする」という意味である。嘆いてばかりいても、未来は良くはならない。日本人一人一人が身の廻りから少しずつ良くしていこう、と提案していくような漢詩が詠じられた。

虎三郎は多くの外国書を読んでいる。当時、日本でも手に入らぬような洋書が長岡に持ち込まれたらしい。それは『察地小言《さっちしょうげん》』『野戦要務通則《やせんようむつうそく》』の兵書の類が多かったが、法律書の類もあったらしい。

そんななかで、虎三郎は日本国を意識しはじめる。小林虎三郎が私淑した長沢伯明（通称金太郎）の蔵書の一部が、長岡市立中央図書館に所蔵されているが、長岡城下では、幕末に世界地図が伝わっていて、島国日本の様相が認識されていた。

長岡商人の大橋佐平は、長岡藩お抱え医師の川上寿碩《じゅせき》のところで「地球図」をみたと言っている。それは今でいう世界地図だが、アジア、アフリカ、ヨーロッパ、アメリカ、オセアニアの五大州。そして、イギリス、インド、オランダの国々がしめされていた。

そういう知識が、越後の一小藩にもたらされていたのは驚異なことであった。それらはたぶん佐久間象山が弟子の虎三郎に送ったものであろうし、また諸国を遊歴した藩士たちが城下に持ち込んだものであろう。

先述の長沢金太郎は諸国探索を命じられて、蝦夷探検に赴いたこともあるが、彼が東海、伊勢、畿内《きない》を探索した際の報告書を虎三郎が閲覧した際の感想文がある。それによると「金太郎は虎三郎がこの旅行に一緒であったとすれば、もっといろいろな見学ができたものを」という一条に虎三郎は感激している。藩命によって、なかば禁足状態であった虎三郎には、諸国も外国も見果てぬ夢であった。その夢のなかから、虎三郎には新しい世界観が生まれてくる。それは幕末の日本が、攘夷だとか開国、勤皇佐幕といった狭い了見《りょうけん》に惑わされるのではなく、日本及び日本人の未来を、どう展望していくかという視点に虎三郎の眼が移っていくことになる。

幕末動乱

しかし、慶応二（一八六六）年、長州再征に長岡藩兵は出陣していった。いや応なく、長岡藩は幕末動乱に巻き込まれていく。

長岡藩政は河井継之助の台頭によって、富強の実《じつ》を着々と実現して、他藩とは比べものにならないほどの兵備を創出した。ときに慶応四年一月、戊辰戦争が勃発した。長岡藩主はそのとき大坂にいて、佐幕軍の一翼を担っていた。

　虎三郎のこのときの詠嘆をみると、やはり幼い天皇を擁し、政権を奪取しようとする薩摩、長州藩の野望を見抜き、断固反対すべきだと主張している。しかし、そのために兵を用いることがないようにとも述べ、いずれも尊皇には違いないのだから逆臣は存在しないのだし、不幸が来ないようにと危惧しているのである。

　そんな虎三郎の危惧をよそに、長岡藩は正義の道を真っ直ぐにすすむ。長岡藩は開藩以来「忠孝」とは何かを藩是としていた。主君が誤った判断をした場合は諌むるとした『由旧録《ゆうきゅうろく》』や『御邑《ぎょゆう》古風《こふう》談《だん》』が、家臣たちの愛読書であった。藩校崇徳館の古義学派教授たちは、その藩是である義を守り、徳川氏に忠を尽くすことを本分とすべしと主張した。それに対し、朱子学派教授たちは、「日本は勤皇王臣の国となったのであるから、たとえ薩長《さっちょう》が天子を挟んで王命を宣し徳川氏を討つとしたからには、従うのが王臣の務めである」とした。つまり恭順し、会津征討もやむなしとしたのだ。

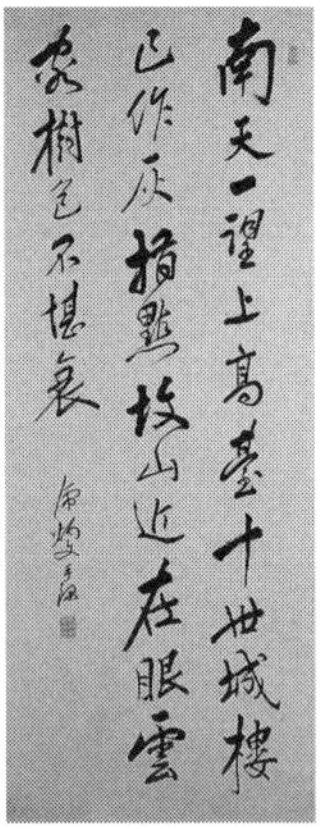

小林虎三郎「南天一望」（長岡市立中央図書館蔵）

儒臣たちの分裂は、長岡藩の運命を左右するものであったが、小林虎三郎はどちらにも与《くみ》せず、戦いの不可を説く非戦論を展開している。

結局河井継之助を総督とする藩庁は、小千谷談判を経て、奥羽越列藩同盟軍に参加し、明治新政府軍と対抗してしまう。結果は長岡城下は焦土と化し、総督河井継之助は戦没し、長岡藩は敗戦。逆賊の汚名を着ることになった。

戦争中の小林虎三郎

戦争中、小林虎三郎は藩主らのそばにあって、扈従《こじゅう》して会津若松城下に逃れ、郊外戸ノ口《とのぐち》村に隠れたというのが通説である。敗戦のとき米沢城下にあった小林虎三郎は老いた母親とともに雪の長岡城下に帰還したという。

著名な「南天を一望して、高台に凭《よ》る。十世の城楼已《すで》に灰と作《な》る。

故山を指点すれば近く眼《まなこ》に在り。雲容樹色哀しみに堪へず」の詠嘆は、帰還の際、南蒲原郡名木野《なぎの》村（見附市名木野町）の寺院から、はるか長岡城下を遠望したものだといわれている。

弟の定四郎は病弱で従軍せず、五弟の横田大造は銃卒隊長。六弟寛六郎は兵士、七弟雄七郎は虎三郎の指示で江戸にそのまま残り慶応義塾にあり。長妹の小金井幸《ゆき》は幼い甥の権三郎、良精らをつれて会津若松、仙台城下に逃れた。次妹の吉田富《とみ》も同様の生活を送った。

最近、元長岡市立中央図書館嘱託の今井元彦らによって、虎三郎家族が隠れたのは、西蒲原郡戸の口村の板垣某家ではなかったかの説が発表された。妹の久が嫁いだ板垣家に隠れたという説であるが、妹の久という人物は小林家にはいず、久という実母はいる。考証してみないとわからないが、虎三郎の書簡を板垣家は多数所蔵していたので、何らかの関係がある家だと考えられる。

長岡藩の落人《おちうど》は、必ずしも会津へ逃れたわけではなく、山本帯刀の家族は南魚沼郡の塩沢、河井継之助の家族は上組《かみぐみ》村松村から濁沢村に潜伏していたので、小林虎三郎も知己や親戚を頼ったのかもしれない。

しかし、長岡藩の川島億次郎に依頼されて、長岡藩の降伏謝罪文の起草をしたという伝聞や、名木野村の寺院から、城下を眺め南天一望の詠嘆から考えて、仙台へ経て米沢城下からの帰還説も捨てがたい。

会津若松城下にも戸ノ口村があり、いままでその考証が混在していて不確定であるが、戦争中、病身の虎三郎と母の久は戦場を流浪した。

戦いのなか友を思う

虎三郎には戊辰戦争中、もしくは戦後に、戦いをテーマにした漢詩を多く詠じている。きわだっているのが、幼いころから兄のように慕った川島億次郎を思う詩である。従軍する川島に、また栃尾の

三島億二郎（渡辺幽香画・長岡市立中央図書館蔵）

山中に陣を敷く川島を思い送辞を贈り、また在陣の様子を想像している漢詩を詠じている。

川島は虎三郎の三歳年上だが、互いに気心《きごころ》の知り合う「親友」である。虎三郎が罪を得て幽閉生活を送っているころでも、虎三郎を励まし、罪人とつきあう咎《とが》めを覚悟で会いに来てくれていた。もう若くもないのに河井継之助に協力して、軍事掛となり一軍の将として出征していったことに深く同情しているのである。

別れの盃は交わさなかったが「君だけは決して戦場に屍をさらしてほしくない」という願いがこめられているような漢詩もある。

「如今《じょこん》、無限の傷心の事、卻《かえ》って離觴《りしょう》に対して、敢《あ》へて云《い》はず」

この川島は戊辰戦争後、三島億二郎と改称し、虎三郎とともに長岡復興の立役者となる人物である。

この戦争で虎三郎はかけがえのない二人の友人を失っている。一人は造士寮長《ぞうしりょうちょう》である酒井貞蔵。もう一人は厩屋《うまや》番出身の国学者長沢金太郎である。

酒井貞蔵は朱子学者だ。詩を詠じさせれば虎三郎より才気のある

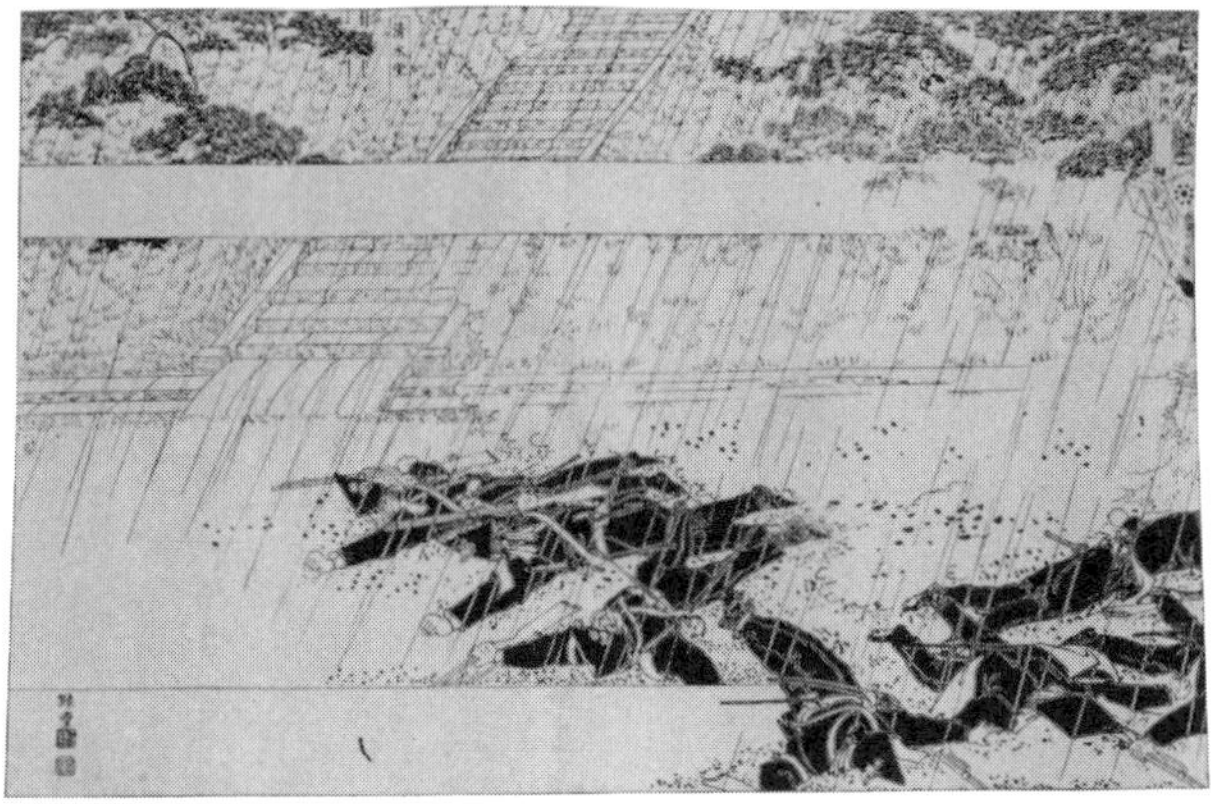

「戊辰戦争絵巻」（保勲会編）から

ものを詠じた。若いころあやまって、人をあやめ出奔したが、その後、学識をみとめられ帰藩。江戸藩邸就正館教授のとき、河井継之助の教育改革実施に伴い抜擢されて、長岡藩校崇徳館の造士寮長となった。この造士寮は国家（藩）有用の才士を育成することにあり、実はのちの国漢学校の原型となるものであった。

その酒井貞蔵は開戦にあたり、河井継之助の決断が非だとし、斬《ざん》奸状《かんじょう》を起草したことでも著名である。しかし、戦争が始まると進んで従軍し、使番《つかいばん》として戦死している。

酒井貞蔵とは深い交流があったようだ。しかも酒井は厳しい教育をする萩原緑野の白鶴塾の先輩である。虎三郎は酒井を評して「百里の行程の旅を九十九里まで到達しても、まだ半分までしか来ていないと言い張る人物だ」と評した。

また長沢金太郎は山本帯刀隊に属し、会津飯寺《にいでら》の戦いで戦死をしている。

長岡藩の降伏

明治元（一八六八）年九月二十五日、長岡藩は降伏した。藩主牧野忠訓をはじめ多くの長岡藩兵とその家族は、仙台城下北山の光明禅寺などに寄宿していた。ほかに越後の山野に隠れ住む者も多く、故城は荒れ果て、他郷に流浪しているといった方がよい状況であった。

会津藩のような降伏の儀式も与えられず、小林虎三郎が起草したという謝罪文が、征東総督府の越後口監軍《えちごぐちかんぐん》にみとめられたにすぎなかった。仙台城下の旧長岡藩兵はすみやかに帰国、藩主は東京謹慎。七万四千余石の領地は召しあげとなった。

その際、旧長岡藩の戦後処理の責任者となったのは、川島億次郎改め三島億二郎だった。三島はその年の十一月に、故郷へ帰る藩兵らを見送った後、旧藩主忠訓とともに東京へ向かっている。

この年の十二月、長岡藩は旧領のうち二組（上組、北組）の諸村を下げ渡され、二万四千石の大名として再興されることになった。

三島億二郎は新たに十三代藩主となった牧野忠毅《ただかつ》を後見して、二万四千石を拝領した御礼言上《ごんじょう》に参内《さんだい》している。その後、三島は京都にも赴くが、その目的は長岡藩の窮状を救うことにあった。

敗残の長岡藩兵とその家族が、故郷長岡に帰りはじめたのが明治元年十一月ごろからであった。初め郊外の栖吉村《すよしむら》（長岡市栖吉町）に集結したが、二百二十戸余りの村であるがゆえに、たちまち食糧も尽きた。積雪深き旧城下に帰っても焼け野原。そこに掘っ立て小屋を建てたが、寒さは体力を奪った。そこに当時流行したスペイン風邪が流行したのである。

虎三郎の母である久も、その風邪によって明治二年二月二十六日に没している。戦争による戦没者は三百四十名余りであるが、スペイン風邪による死者は、その倍を超えたというくらい猛威をふるった。それに加え、飢餓が旧城下を襲った。

帰郷した三島億二郎は触頭《ふれがしら》となって、救済に乗り出すが、殺伐とした旧長岡城下は荒廃し、人心も動揺の色を隠せない状況となって

牧野頼母（下列中央）

いた。三島はそこに儒学者の小林虎三郎を参画させることにより、新たな復興打開策を打ち出そうとする。

母・久の死

記録によれば、小林虎三郎が母の久とともに米沢城下を出発したのは、明治元（一八六八）年十一月五日となっている。見附の名木野に到着したのは翌月の十三日。その間、西蒲原郡の戸口村を訪問したかもしれない。母の久は翌々月には没してしまう。

虎三郎の明治二年三月十八日付の三島億二郎宛の書簡では、長岡城下の窮状を訴えるとともに、母とともに辛酸をなめた戦場を生き抜いたのに、戦後、平和となって、あっけなく死んだ母を悼んだ苦衷を書き記した。思えば母の訓育により学問もし、幽閉生活を乗り切り、病気も克服してきた。母には苦労のかけ通しであった。そんな母に何の孝行もしなかったことを悔んだのである。

昌福寺　明治二（一八六九）年五月に国漢学校の仮学校が置かれた。（長岡市四郎丸四）

それから間もなく、虎三郎は三島億二郎の息子の徳蔵とともに、旧長岡城下表町の商人きし屋岸宇吉方の離れに移り住んでいる。これは母久の死亡前後であるらしい。三島は息子の徳蔵に虎三郎の面倒をみさせるかわりに、新しい長岡藩政のスタッフと考えていたのだろう。

三島が帰郷しない明治二年の初め、再興長岡藩を支えていたのは、元家老の牧野頼母《たのも》と元奉行の花輪求馬、萩原要人らであった。牧野は山本と姓を変え、花輪は秋田外記、萩原は原一平《はらいっぺい》と改称していた。秋田は当時、参政職にあったので、虎三郎は学政のご更張を訴えたところ、明治二年五月一日、長岡城下の郊外四郎丸村の昌福寺を仮学校として国漢学校が開校した。これは虎三郎が主張したという「一日学問をおこたれば、長岡藩は後《おく》れをとり、文明開化の策に遅れ申す」が実現したものであった。

しかし、この仮学校は以前の藩校崇徳館の教育が、そのまま再興したものではなかった。むしろ、藩校の崇徳館の教育を否定し、ほとんどの教員は新しく採用され、以前の教授たちのほとんどが不採用であった。

仮学校の設置

戦後、仮学校設立にあたって、教育方針と教員の選考については戊辰戦争時の意見対立がそのまま色濃く残った。

再興した長岡藩首脳部は、あいかわらず戦争時の幹部が握っていた。すなわち、河井継之助の股肱《ここう》といわれた秋田外記、芦野寿《ひさし》、原一平などの人物である。

不幸なことは古義学派を代表する伊藤東嶽《とうがく》が、明治二（一八六九）年一月に没したことであった。東嶽は戦争中も藩主のそばを離れず、会津、仙台を流浪し、ようやく帰郷した。その戦争中の無理がたたり、一月十九日五十歳で没した。

生前の東嶽と虎三郎は親交していた。藩士子弟の教育を誰よりも情熱的に実行した人物であった。

長岡国漢学校発祥之地碑
（昌福寺・長岡市四郎丸四）

虎三郎はその死を悼んで墓表を撰している。そういった藩事情は幕末、恭順を唱えた藩校崇徳館教授たちの復帰を許さなかった。特に朱子学派の人たちは、恭順を唱え主家を裏切り、新政府に味方したと判断されてしまったのである。

しかし、儒学者のなかには伊藤東嶽、酒井貞蔵、長沢金太郎、小林虎三郎といった者たちは、恭順を唱えたが、いざ開戦となれば参戦し戦死したり、主君のそばに仕えた者たちがいた。しかも、生き残った優秀な人材もいた。その代表が小林虎三郎であったのである。

戦争中、新政府軍に投降した朱子学派教授の山田愛之助らは、結局、戦後、学校設立に参画することができず、小千谷、栃尾などの近郊で学校を開き、郷民の子弟の教育を担当した。

こういった藩内事情を虎三郎は三島億二郎に書簡を送って知らせている。

そんな事情のなかで、虎三郎は学校を単に復興するだけでなく、本来の教育とは何かを考えるようになった。

文武総督となる

三島億二郎は、戦後、しばらく東京に滞在し、対外交渉を担当して、長岡藩の再興に尽力していた。三島が帰国するのは、明治二（一八六九）年四月二十二日。一時的な帰国だったが、間もなく五月十五日に上京し、同年八月十四日から長岡に腰を落ちつけた。

実は四月の帰国こそ、長岡再生の青写真を提起している重要なことがらが日記に書かれたと思うのだが、残念ながら残存していない。三島は東京にいて、虎三郎からの書簡をたびたび受け取っている。三島の日記では、書簡を受け取っていることはわかるが、内容までは伝わっていない。おそらく、密書の形であったのだろう。

八月、帰国すると山本（牧野）頼母と小林虎三郎、三島億二郎の三人が集って協議をしている。その協議は小林虎三郎がこれまで客観的に傍観していた藩政の実情を報告し、新しい対策を講じようとするものであったのであろう。小林虎三郎の思いが熱情の如く、ほ

三根山藩址之碑（新潟市西蒲区峰岡）

とばしりでた瞬間が、そこにはあった。彼の宿志が実現しようとする第一歩がはじまったのである。

同月、職制改正が発表された。家老は執政となり、山本頼母ただ一人。副執政は三島。そして何よりも藩士たちが驚いたのは、文武《もんむ》総督に小林虎三郎が挙げられたことであった。

人びとは「軍務（事）総督なら河井さんが就いたので理解できるが、文武（務）総督は何をおやりになる所か」と噂し合った。同時に文武局が設置されたが、実際、仮学校の監督くらいが業務であったらしい。

仮学校は四郎丸村の昌福寺にあったが、早速、国漢学を中心に洋学、医学、兵学などの分野も加えられることになり、若手の教員たちが、以前、江戸遊学から得た知識を教えはじめたのである。

病身の虎三郎が文武総督に就いたことが、国漢学校の創設につながっていくのだが、当時長岡藩内には「学問よりも、その日の生活のための食糧を要求する」藩士たちが多かったことも確かである。

彼らは武士としての誇りを大切にし、明治新政府の三大スローガンである富国強兵は、理解できても、殖産興業、文明開化には、まるでトンチンカンであった。

三根山藩からの米百俵

三根山藩米百俵の碑（新潟市西蒲区峰岡）

この時期の政治事情はめまぐるしく変化した。そのあたりの事情を縷々《るる》説明すればよいのだが、とにかく急ぐ。

同年十月、新政府から藩の役員について、入札法によって正・権大参事を公選すべき命令が布達された。そこで全藩士で入札をしたところ大参事に牧野（山本）頼母、三島億二郎、小林虎三郎。権大参事に椰野嘉平、秋田外記、原一平、武部静蔵、赤川哲造が選ばれた。同時に禄高も改正され、職制に撫農司《ぶのうし》とか病院などといった生活のための職務も設けられ、藩士の帰農商《きのうしょう》がはかられるようになった。これは、士族の称号を脱し、平民になることを示唆していたため、藩内は騒然とした。しかし、きわめて早いうちに帰農商は自主的な要望で実施されたため、藤野善蔵のように平民籍で慶応義塾に学ぶ者もでた。

だが、秋田外記をはじめとする藩庁の役人の一部には、こういった施策に異議を唱える者たちがいたことも確かである。長岡藩庁の当面の問題は、藩士家族の食糧の確保だった。二万四千石を下付されたのだから、米くらいはありそうな話だが、実は長岡藩の再興にはカラクリがあった。

封建制において、年貢の確定、収納は旧暦の十一月に行われる。従って蔵米の収納は師走までに行われてしまう。

ところが長岡藩の再興は、明治元（一八六八）年十二月二十五日付だった。ほぼ、年貢の収納は終わり、長岡藩の徴税官吏が郷村を回っても、柏崎県に納めたあとであった。しかも明治元年の米の収穫は戦争と洪水で半減していた。

明治二年、藩庁は米を購入して、藩士家族に領布していたが、金庫も底をつき、藩士のなかには飢餓にあえぐ者がではじめた。三島らは柏崎県にかけあって、救援米の支配を懇願したが、なしのつぶ

米百俵の群像　戯曲「米百俵」のクライマックスの一場面を再現した。(長岡市寺島町・千秋が原ふるさとの森)

てだったのである。

その飢餓の解消は、結局、明治三年秋の収穫まで待たねばならなかったのである。

ところが、明治三年五月、本藩の窮状を見かね支藩の三根山《みねやま》藩から見舞米百俵が送られてきたのである。

救援米の処分に議論

三根山藩は長岡藩の支藩である。当時の藩主は牧野忠泰《ただやす》という若者であった。長崎・五島列島の福江《ふくえ》藩から牧野家に養子に入っている。禄高は一万一千石。文久年間、高直《たかなお》りをし念願の大名に列した。

戊辰戦争では、本藩への義理から奥羽越列藩同盟軍に加盟したが、家老の神戸《かんべ》十郎右衛門らの家臣が有能であった。牧野氏存続のために投降し、荘内藩追討に参戦している。その三根山藩が本藩の実情をみて、見舞米を送ってきたのである。

だが、この見舞米についての経緯の資料がないところをみると、三根山の牧野家が厚意をもって、長岡の牧野家に贈ったものとみられるが、本藩の長岡藩としても、喉から手がでるような救援米であった。

ここで、大参事小林虎三郎の登場となるわけである。

その救援米の処分をめぐって、小林虎三郎の識見が発揮されるのである。藩庁内の一室で協議が開かれるわけであるが、初め「どう分けるか」が「どう使うか」に変わったところから虎三郎の発言が冴《さ》えることになる。当時、文武総督を経て、大参事となっていた虎三郎は、己の教育論を展開し、殖産興業をはかろうとする。つまり安政六（一八五九）年に発表した「興学私議」の実現である。

それは百俵の米を売り払い、学校の必要経費にあてたいとする虎三郎の主張があった。当然、反対者がいた。「三根山藩の厚意をうけ米一粒でも藩士家族に分けるべきだ」という意見である。彼らは三島億二郎の最近の施策に対し、反対の立場をとっていた。帰農商や面扶持措置《めんぶち》、特に商人と連携した商工業振興策などは、武士の対面を汚すものであった。

そんななかで、学校が産業を興す基だとする虎三郎の主張は、陳《ちん》腐《ぷ》にさえみえたのである。

のちに国漢学校・洋学校などの教師となった田中春回が「国漢学校制度私議」をあらわしているが、学校は何のために必要かを説いている。

「学校は政教の根本なり、従来の弊習を一洗し、学校を以《もっ》て、人材を教育し、人材を以て諸官に騰揚《とうよう》すべき事」とある。つまり、立派な役人を育てあげるにも、学校は必要であるというのである。

こういった教育をもって人材を育すという議論となり、百俵の米は学校資金に使われることになった。

国漢学校の教育資金

早速、藩庁から触書《ふれがき》が五月七日付で藩中に示達された。

三根山藩士族より、当藩へ、この節の見舞として、百俵米贈与これあり。しかるところ、士族給与米の儀、三月中より面扶持に候へは、辛くも目今の凌《しのぎ》はあいなり候筈につき、右百俵を以て、文武両場必要の書籍器械の費に充《あて》候へは、闔藩《へいはん》士族両道稽古の一助にもあいなり、すなわち三根山士族の厚意にも戻らさる儀と、評決いたし、其段取《そのだんとり》計《はからい》候間、この旨、心得なす一統へ布告あるべく候也

士正　　　　　　　　　　　　　　　　政庁

百俵の米は換金されて、二百七十両ほどとなり、学校の書籍代金となった。実は明治二（一八六九）年の長岡藩の予算書ともいうべ

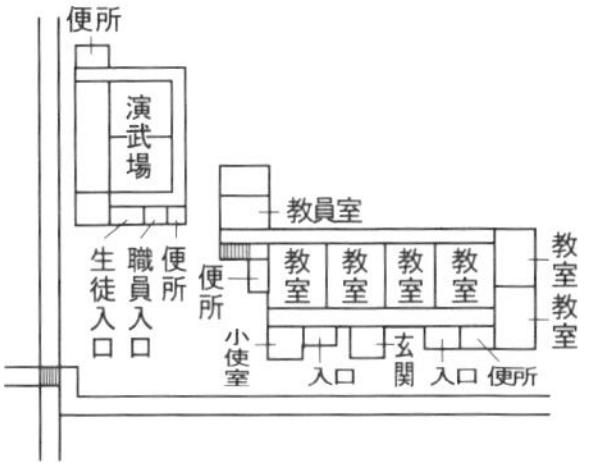

国漢学校平面図
（今泉省三「長岡の歴史」第6巻より作成）

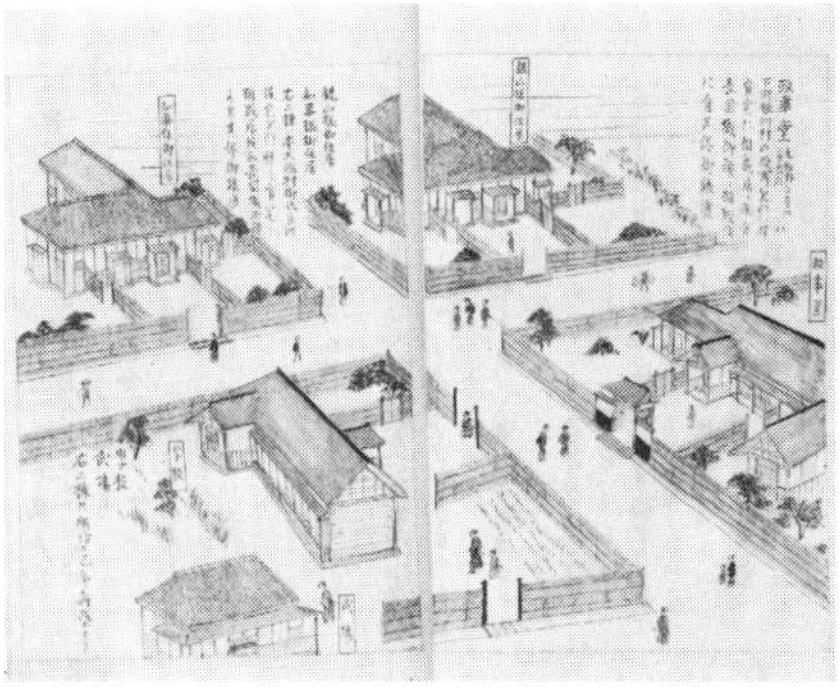
国漢学校之図　左下に学校と武場の二棟が描かれている。（「懐旧雑誌」長岡市立中央図書館蔵）

き「明治二年調の収納支出予算表」によると、「三千両　文武取立費《とりたてひ》」という項目があり、そのうち千両は修行人料、また、千両は諸普請《しょふしん》費《ひ》と明記されている。これは仮学校を本建築するための費用が、あらかじめ予算化されていたことをしめしている。

　こうした施策は、文武総督の裁量で決定していたものであったが、百俵の米の代金を書籍（教科書）に使うとした虎三郎の配慮がみられる。おそらく、仮学校では書籍の収集に苦労し、思うような授業ができなかったのではないだろうか。

　これが米百俵の故事である。明治三年五月、三根山藩から送られた米百俵は新設の国漢《こっかん》学校の教育資金となった。

　この年の六月十五日、坂之上町二十七番地に新設された国漢学校は開場式を迎えた。そこに十三代藩主牧野忠毅を迎え、大参事小林虎三郎みずから「大学」の講義を行う。

　麻上下《あさがみしも》姿の小林虎三郎は、人の道とは何かを説き、有用な知識とは何かを講じたという。

米百俵之碑（国漢学校跡地／長岡市大手通二）

人づくり教育

国漢学校は国史と漢学（儒学）を教えた学校だと、郷土史家の今泉省三は『長岡の歴史』で紹介している。また、虎三郎自身が学校長であったと今泉は『三島億二郎伝』で記した。

虎三郎の漢詩に「庁に上《のぼ》って群吏を督し、黌《こう》に入って諸生を訓《おし》ふ」とあるから、長岡藩家臣団の頂点である大参事となり、同時に国漢学校を監督する地位まで上りつめたのだろう。

国漢学校では、新しい教育の取り組みをはじめた。それが長年、心のなかに秘めてきた人材教育のカリキュラムであった。

その柱は㊀身についた学問修業㊁道徳観をもった人材の養成㊂新しい知識の吸収—であった。そのために、国漢学校内に洋学局、兵学局、医学局、武場《ぶじょう》の部局を設けた。そして六つの教場を利用して、少数の生徒に対し質問できやすい環境をつくった。生徒の入学は紹介人を必要としたが、他の学校へ転校するなどは自由に任せた。つまり私塾型式をとった。入学者の範囲も卒族《そつぞく》（足軽層）や商人、農民の子弟にも広げられた。

教科は国学《こくがく》、儒学（漢学）、地理、窮理（科学）の基礎的な学力の向上を重視し、そのうえで、技術的知識を学ぶことを指導した。その結果、生徒は百七十五名を数えるに至ったのである。

教員も国漢学の田中春回を筆頭に若い儒学者が就き、椰野謙秀《けんしゅう》といった洋方医（蘭方医）が語学、医学を教えた。武場も藩士のなかから選んだ武術修練の士が教えた。

これらは大参事小林虎三郎の強い要望で、実現を期したものであった。これらの教育方針は、虎三郎自身が人材教育とは何かという自問のうえに成り立った学校経営であったのである。すなわち「興学私議」でいう基礎教育（小学校などの義務教育）と専門教育（専門学校・大学など）の実施が、国家富強の基になることを実現しようとする虎三郎の人づくり教育であった。

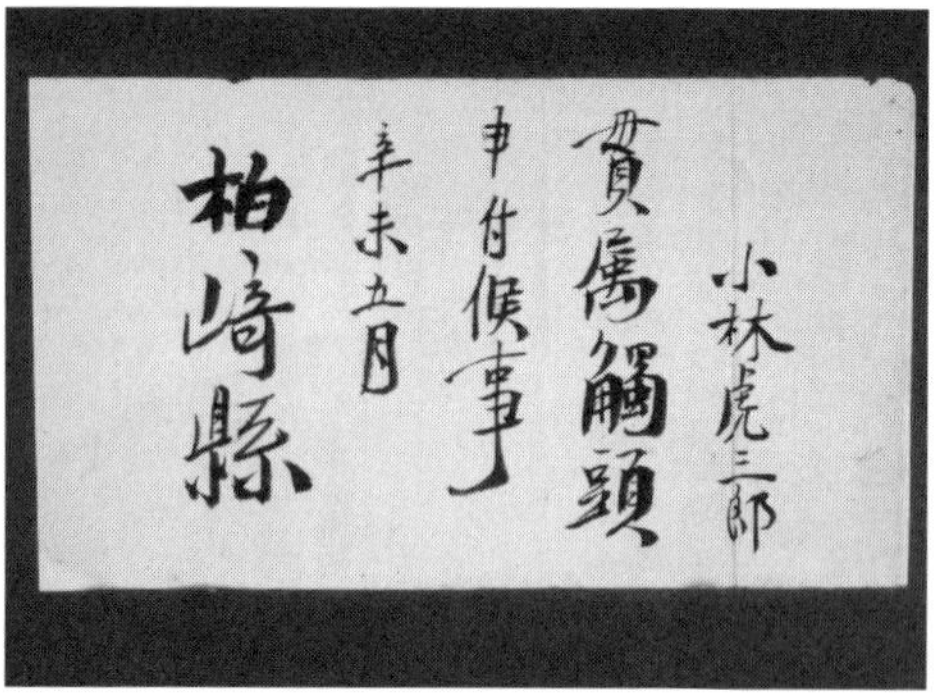

任命状

近代学制に反対

しかし、この国漢学校は、その年の十月に廃校の憂き目に遭ってしまう。長岡藩そのものが廃藩し、柏崎県に編入されてしまったのである。明治三（一八七〇）年十月に大参事の職を免ぜられ、翌十一月に新たに「学校並演武場掛」を命ぜられる。

国漢学校の名は消えた。学校は柏崎県の付属教育機関のひとつとなったが、いままでのような援助はない。たちまち経営難に陥り、やがて新政府の学制に組み込まれてしまう。これに対し、小林虎三郎は激しく抵抗して、長岡独自の教育方針を貫こうとした。

その不満は「異言《いげん》」という漢詩のなかにあらわれている。「吾は恥づ曲学《きょくがく》、斯《こ》の世に阿《あ》るを、沈淪《ちんりん》を以て、剰年《じょうねん》を終へんと欲す」

その意味は、正しい説を曲げてはびこる学者、時世に迎合する学者がいるのを、私はおかしいことだと思う。自分はそんな不満を持ちながら、人生の残りをおちぶれながら終わろうと考えている、というのである。

そんな状況にまで追い込んだ柏崎県の学制とは、どういうものであったのだろう。柏崎県の成立、そのものは明治新政府の三治《さんち》の制からできた県であった。つまり府、県、藩の新旧行政区が混在した地方制度である。県は中央集権国家をつくりあげるための地方機関の様相を表わしていたから、柏崎県は県内各地に散らばる私塾や寺子屋を統轄し、郷学校をつくろうと画策した。その結果、柏崎県各地に小学校を生むことになるわけであるが、明治維新政府の威光を盾に、世界史や西洋的教科の導入をはかろうとする。これに対し、虎三郎は日本史の国史教育などの充実を訴えて、容《い》れられなかったのが不満につながったらしい。

明治四年の初めには虎三郎は病身を理由に登校しなくなった。同時に虎三郎に同調した教員たちも教授をしなくなると、生徒数は激減したのである。

これには柏崎県参事鳥居《とりい》断三《だんぞう》も怒った。七月、柏崎県庁から虎三郎は病気療養を理由に免職を命じられたのである。

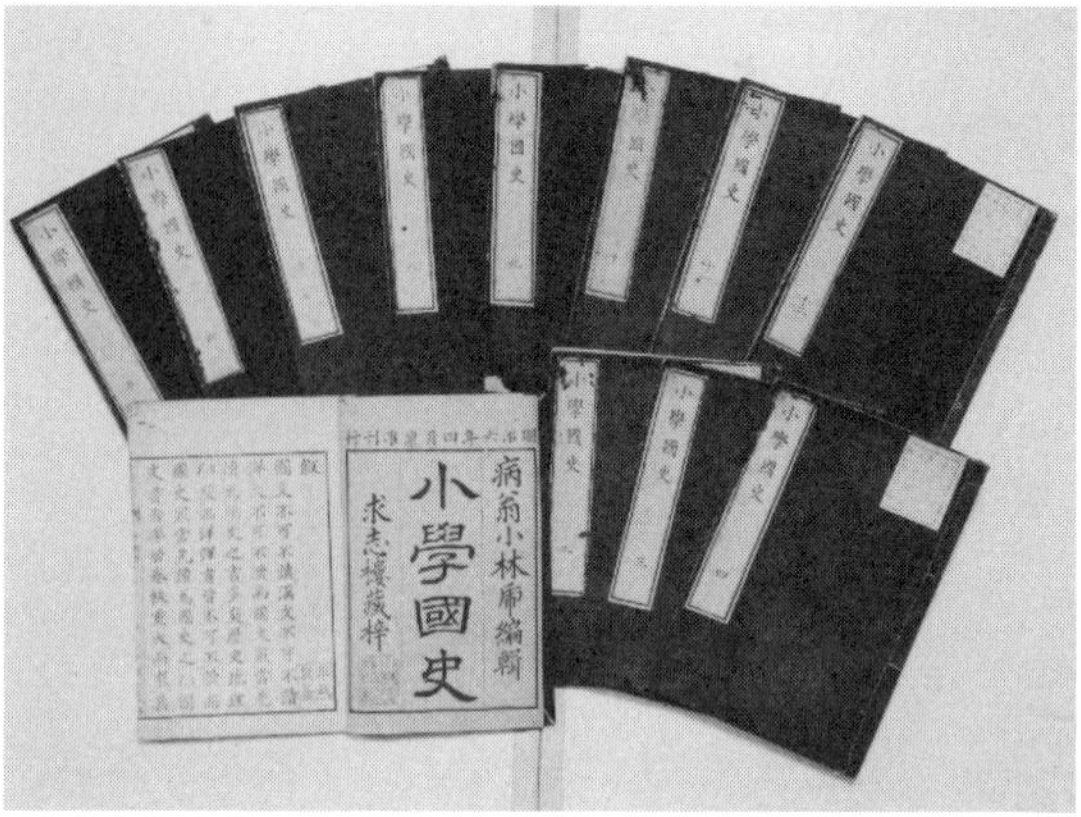

『小学国史』（長岡市立阪之上小学校蔵）

小学国史の出版

なぜ、日本の歴史に小林虎三郎はこだわったのだろうか。それには内乱の歴史があったからだと思う。彼が記録した「雪窓閑話《せきそうかんわ》」などを紐解くと、敗戦の事情や民衆の悲惨さなどが抜き書きされている。明治六（一八七三）年四月に虎三郎は国訳の『小学国史《しょうがくこくし》』を出版するが、そこにも、日本人同士の内乱の史実がびっしりと書き込んでいる。『小学国史』は一朝一夕に出来上がったものではないから、かなり以前から虎三郎は戦争に興味があったと思われる。

その最たる戦争が、自分自身が体験した戊辰戦争であった。その悲惨さを戦争前後にみせつけられ、その後の小林虎三郎の人材教育の指針に大きな影響を与えたといえるだろう。

明治二年七月、戊辰戦争の際、刀剣を振って戦った刀隊《かたなたい》有志から碑文の依頼があった。

その際、虎三郎は河井継之助を名指しこそしなかったが、激しく批判した。

「戊辰の変、我が藩の権臣迷錯して、妄《みだ》りに私意を張り、遂に敢へて王師に抗じ、城邑《じょうゆう》陥没し、社稷《しゃしょく》墟と為るに至る。洵《まこと》に臣子たる者の言ふに忍びざる所なり」

河井継之助は長岡藩軍事総督となり、義を掲げ、藩兵を率いて戦った。その結果、多くの犠牲者を出し、城下は焼け野原になってしまった。それは臣たるものの本当の義であろうかというのである。

当時の学問が政《まつりごと》と深くかかわっており、非戦を唱いた虎三郎の真骨頂を物語るものである。

国家富強のためには兵学、軍備も必要だと説いた虎三郎が、戦争を体験したことによって、次第に博愛の精神にめざめていくのは、明治初期からである。他をいたわるやさしさが醸されてくるのは、彼が病身ゆえに、みずからを病翁と改名し、再び故郷を去る明治四年八月のころからであった。

海援隊士白峰駿馬

末弟の小林雄七郎が官途《かんと》に就いていていた。慶応義塾から大蔵省や工部寮に入って、東京の向島《むこうじま》に住んでいた。建物はのちに洋館造りとなり、故郷長岡から上京する学生などを宿泊させて喜ばれた。

雄七郎は兄の病翁の失意を知って「東京に来ないか」と手を差し延べてくれた。そこで明治四（一八七一）年八月、病翁は上京する。

雄七郎はそのころ、土佐の高知の海南校の英語教師をしていた。その留守宅を病翁は、管理人兼居候《いそうろう》で使おうというのである。

江戸から去って十八年が経過していた。秋の三国峠を越える際は、しきりに上杉謙信の関東出兵の苦労を思った。そして、その空白の十八年間の己の人生を思ったという。向かおうとしている江戸城（東京）には別の主人が入った時代の変わりようも感じたという。

それから、しばらくして、東京の寓居に、もと長岡藩士の鵜殿団次郎の実弟白峰《しらみね》駿馬《しゅんめ》がたずねてきた。聞けば「アメリカ留学を終

小林雄七郎（興国寺蔵・長岡市千手二）

えて日本に帰ったが、薩長閥が強くて官途に就けないから、造船所を経営する」という。

その白峰は実兄団次郎の著作の束（『万国奇観《ばんこくきかん》』）を持ってきて「発刊したいから後序を書いてくれ」と言うのである。鵜殿団次郎は幕末の長岡藩で出色の才幹だった。蕃書調所《ばんしょしらべしょ》の洋数学の教授をし、同僚の海保帆平をしのぐといわれるくらいの秀才であったが、三十九歳で没した。実弟の駿馬は兄の斡旋で、勝海舟が創設した兵庫の海軍操練所に入り、ついで坂本龍馬の亀山社中・海援隊に入った異色の人物だった。

「実兄の著作を世に出したい」という。鵜殿自身も生前、ある冬の日に長岡の小林虎三郎邸を訪問し、『万国奇観』の内容をみてもらったことがあった。鵜殿は病床に伏している虎三郎に、著作の束をみせ「いまだ欧米事情を精《くわ》しく記したものが発刊されていないから、この書は日本の未来のためになる」と力説した。だが戦争が起こったり、鵜殿が死亡したこともあって、発刊ができないでいた。それを実弟が惜んで病翁に後序（あとがき）を頼んだのである。

その際、白峰は「勝海舟殿が象山先生の省諐録《せいけんろく》を出版するので、その後序も願いたい、と言っている」ことも伝達している。省諐録は師の象山が虎三郎と同様に罪を得て、故郷松代に幽閉された際に記録した獄中記である。その後序を記しながら師の佐久間象山が、二男恪次郎《かくじろう》の教育は、虎三郎に任せたいと考えていたことを知り感激している。

土佐へ行く

明治四（一八七一）年の冬から翌年にかけて、小林病翁は弟雄七郎の住む高知をたずねている。

南国の方が病気のためにも良いと考えての旅行だった。四国高知の気候は、病翁の療養には最適であった。南国の陽気に誘われ、海岸（桂浜か）、高知城をたずねたり、あるときは土地の名士の酒席に招かれて詩を詠じている。たぶん、体力的にも自信を取

長岡市立阪之上小学校　国漢学校の精神を受け継ぎ、多くの古籍や資料を保存している。（写真／長岡市立阪之上小学校）

り戻したらしく、念願の『小学国史』の著作にかかったと思われる。

高知から北沢正誠のところに書簡を出しているところから、小学国史叙述の構想は、高知滞在のころに生まれたのであろう。『小学国史』は小林病翁が心血を注いで叙述した日本歴史の教科書である。全十二巻が明治六年四月から発刊されるが、そのために再び東京に出てきたというくらいの熱の入れようだった。

内容は歴代天皇紀であった。活字は漢字とひらがなが使われた。いままでの日本歴史を知るための日本外史などに比べれば、はるかに読みやすい。

みずから記した『小学国史』の序には、日本の歴史二千年を記し「初学の階梯《かいてい》に為すべき」と述べている。すなわち物事を学ぶ初歩の段階、つまり学問を学ぶ最初に日本の歴史を学ぶべきであると主張している。人はみずからの民族の歴史を学ぶことが大切だという。

巻頭に中村正直の叙がある。中村は幕臣出身で、明治維新後『西《さい》国立志編《ごくりっしへん》』などを著し、近代日本文化の興隆に尽力した人物である。

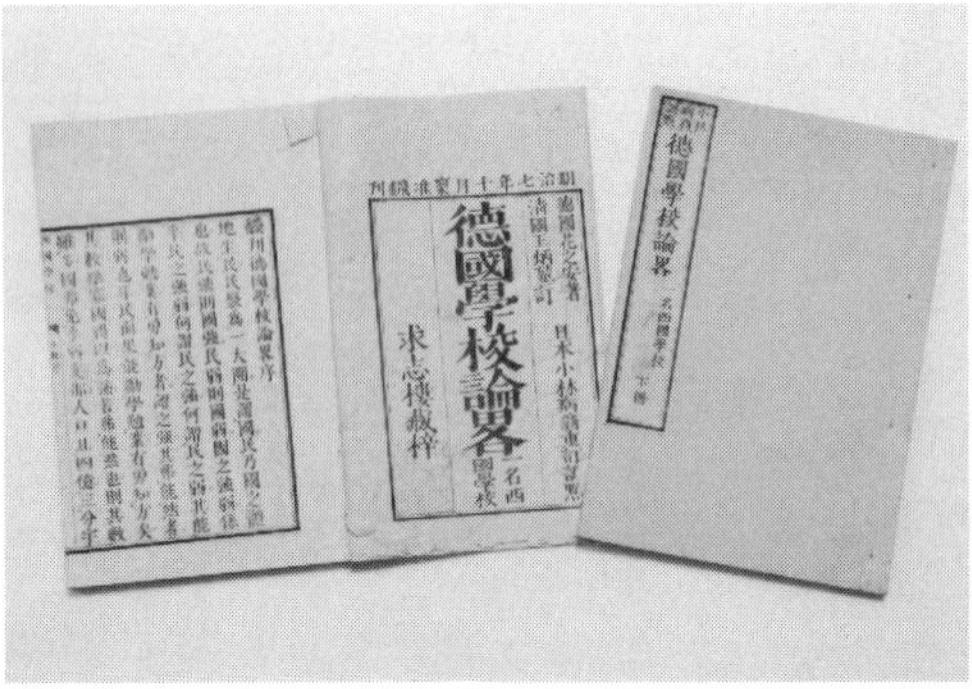

『徳国学校論略』（長岡市立阪之上小学校蔵）

彼は「これ宜しく小学校業の書に育てるべきものなり」と絶賛している。また巻末には青柳剛斎が跋文《ばつぶん》を書いている。青柳は一地方の儒学者、教育者として一生を終えた人物であるが、その人物に跋文を依頼した。

徳国学校論略

明治七（一八七四）年七月、病翁は『徳国学校論略《とっこくがっこうろんりゃく》』を翻訳し出版している。徳国とは当時のプロシャ（のちのドイツ）のことで、その専門学校制度の漢訳本を、日本人のために訓点などを施《ほどこ》して刊行したものであった。

当時のプロシャは義務教育制度を実施し、国民皆学が国力の増強につながるとして着々と成果をあげていた。ドイツの教育は基礎学力を高めたのち、専門教育をめざしたものであった。この学校制度を提案したのが、『徳国学校論略』であった。

病翁には虎三郎時代に培った信念があった。つまり国や町を栄えさせるのは教育だという教育第一主義である。そのころ、病翁は文部省の中博士となる機会があったが、病弱のために断念している。文部省に入って教育制度の充実をはかるよりも、民間にあって日本の教育を批判し、是正をはかる目標があったのかもしれない。むしろ、長岡藩の伝統である反骨、不屈の精神こそ、教育に大切なものだとしたからであろうか。

『徳国学校論略』の序に「地民を生じ、民聚《あつま》りて一大団を為す。是れを国と謂《い》う。民乃《すなわ》ち国の体《てい》なり、故に民強ければ則ち国強く、民弱ければ則ち国弱し」と言っている。その民は学を励み業を勉《つと》めてこそ強くなれると述べたのである。つまり国家の強さは軍事力などで強くするのではなく、民衆の富にあるという。この富は、地方とか中央とかともいわず、教育の大切さを表現した小林病翁の最後の遺言ともいうべきものだった。

その小林病翁は明治十年七月、伊香保温泉にて静養するが、病気が急変したので東京・向島の小林雄七郎邸に帰り、八月二十四日に

新潟県立長岡高等学校　長岡洋学校からの伝統を受け継ぎ、中越地区を代表する高校として、多くの人材を輩出している。（写真／新潟県立長岡高等学校）

没している。享年五十歳。戒名は雙松院《そうしょういん》文覚《もんかく》道炳《どうへい》居士。

後日談

後日談がある。国漢学校は廃藩とともに、明治新政府の学制に組み込まれていった。しかし、小林虎三郎が三島億二郎宛に明治五（一八七二）年五月二十五日付で発した書簡が起因となって、同年十一月に長岡洋学校（のちの新潟県立長岡高等学校）が開校している。また国漢学校で訓育をうけた教師たちによって、秦《はた》八郎を校長とする阪上校《はんしょうこう》（のちの阪之上小学校）、西郷葆《つつむ》を校長とする町校《まちこう》（のちの表町小学校）が生まれた。二つの学校は「食えないからこそ学校を創《つく》る」という小林虎三郎の箴言《しんげん》を守り、それぞれの個性に合った人材教育をめざし、長岡の教育界に影響を与えた。小林虎三郎が唱えた専門教育は県立工業学校（のちの新潟県立長岡工業高等学校）や商業学校（のちの新潟県立長岡商業高等学校）の開校を生んだ。

病翁碑　悠久山公園内に設置された虎三郎の碑（長岡市御山町・悠久山公園、蒼柴神社参道）

また実業女学校や女子教育にも虎三郎の教育第一主義が浸透し、教育の町をつくりあげた。

作家山本有三がそんな長岡に目を向けたのは、昭和十五（一九四〇）年、内務省の検閲干渉のため「新篇、路傍の石」を連載中止したころであった。長岡出身のドイツ文学者星野慎一が、東京・三鷹の山本邸をたずねている。

そこで、星野は小林虎三郎の「食えないからこそ教育を」という話をして山本を感動させている。実は星野は郷土の英雄河井継之助を山本有三に書いてもらいたかったのだが、勢い余って小林虎三郎の話もしてしまったのである。

「河井継之助、いろいろやってみたがね。戦争にふみきったところが、どうもひっかかる。じっさい、非常にむずかしい問題だが……。それよりもね、あの食えないから学校を建てるという話、あれは面白い。じつにいい話だな。あれをやってみたい」

昭和十七年三月、新潟市で開かれた少国民文化協会の講演会を機に同月二十六日から長岡市に長女の朋子を伴って訪問している。

小林虎三郎、雄七郎の墓
（興国寺・長岡市千手二）

翌日から遠山夕雲《ゆうぐも》、鷹藤龍馬、西方稲吉、松下鉄蔵、高橋翠村氏らをたずねるとともに、日本互尊社《ごそんしゃ》、互尊文庫などで小林虎三郎関連の資料を集めた。そして、昭和十七年五月、ラジオで「隠れたる先覚者小林虎三郎」を放送し、翌昭和十八年『主婦之友』一月号と二月号に戯曲「米百俵」を発表した。その後、同年六月二十日新潮社から『米・百俵』として発刊された。

発刊と前後して、井上正夫演劇道場によって、戯曲「米・百俵」が東京劇場で六月六日、十三日、二十日、二十二日に上演されている。

また、小林虎三郎の先祖代々の墓地を守ってきた長岡市千手の興国寺住職の中村良弁師は、病翁の墓が東京・谷中の天寧寺にあり、荒廃していることを憂いて、小林虎三郎の志を継ぐ精神を長岡に復活させようと、虎三郎の遺骨を昭和三十四年、弟の雄七郎の遺骨とともに長岡に持ち帰り改葬した。

戦後空襲で焦土と化した長岡復興の希望として、互尊文庫において、昭和二十五年秋に小林虎三郎遺墨展が開催された。翌年には新

長岡市立阪之上小学校の米百俵コーナー　米百俵にかかわる常設展示コーナー。左奥が同小伝統館で米百俵をはじめ、学校の資料と歴史を展示している

長岡市立阪之上小学校伝統館

潟大学長岡分校演劇部によって山本有三原作『米・百俵』が長岡市公民館二階ホールで演じられている。

長岡市は昭和五十年八月、復刻版『米百俵　小林虎三郎の思想』を発刊した。同五十四年十月二十七日には松竹大歌舞伎の特別公演「米百俵」が長岡市立劇場で上演された。また、長岡教育放送局による放送劇や阪之上小学校児童による英語劇も生まれた。

平成十三（二〇〇一）年五月、小泉純一郎首相が、所信表明演説で『米百俵』を紹介してから、米百俵の精神は広く国内外に知られるようになった。ＮＰＯ米百俵スクールプロジェクトがカンボジアの学校設立に尽力したり、米百俵の故事が中米ホンジュラスにも伝えられたりした。そのほか、米百俵祭りなども創設されて、あらゆる分野に米百俵の精神が伝播されるようになった。

斑目力曠《まだらめりきひろ》によってハイビジョン映画「米百俵」の上映。長岡市は米百俵財団を平成七年に設立し、毎年六月十五日を「米百俵デー」とし、人材育成に功績のあった人を表彰する「米百俵賞」を平成八年に創設した。

小林虎三郎関係略年譜

年号	西暦	年齢	事項
文政十一	一八二八	一	八月十八日、長岡藩士小林又兵衛・久の三男として生まれる
文政十二	一八二九	二	四月、父・又兵衛藩校崇徳館の助教となる
天保七	一八三六	九	父・又兵衛新潟町奉行となる
天保九	一八三八	一一	閏四月、佐久間象山と新潟で出会い、父の又兵衛は虎三郎の教育を託するのは象山だという
天保十一	一八四〇	一三	父又兵衛、藩主の養嗣子のお傅《も》り役として上府
弘化二	一八四五	一八	このころ藩校崇徳館の助教となる
嘉永三	一八五〇	二三	藩命により江戸遊学。萩原緑野の門に入る
嘉永四	一八五一	二四	佐久間象山の門に入る。長州藩の吉田寅次郎とともに象山門下の二虎と称せられる
安政元	一八五四	二七	三月、下田開港に反対して神奈川開港を唱え容《い》れられず帰国 秋、中魚沼郡水沢村（十日町市水沢町）の丸山楚香宅で静養
安政六	一八五九	三二	二月二十六日、父又兵衛没す

			興学私議を著す
文久三	一八六三	三六	十一月二十日、長町の小林家から出火、全焼
慶応二	一八六六	三九	「藩兵制改革意見書」を提出
慶応四	一八六八	四一	戊辰戦争
明治二	一八六九	四二	八月、文武総督
			五月一日、昌福寺に国漢学校の仮学校が開校　十一月八日、大参事
明治三	一八七〇	四三	六月十五日、国漢学校開校
			十月、長岡藩の廃藩　十一月、学校並演武場掛
明治四	一八七一	四四	七月、病翁と改名
			八月、東京に出て土佐（高知）へ行く
明治五	一八七二	四五	東京に戻り神田に住む　のちに向島の弟小林雄七郎邸に住む
明治六	一八七三	四六	四月、『小学国史』十二巻を出版
明治七	一八七四	四七	七月、『飜刊　徳国学校論略』を出版
明治十	一八七七	五〇	七月、伊香保温泉に静養
			八月二十四日、向島の雄七郎の家で没す

（年齢は数え年としました）

あとがき

小林虎三郎には「重学訓蒙《じゅうがくくんもう》」というオランダ語で書かれた科学書を翻訳したことがあるようだ。残念ながら、いままでその著に出合ったことはないのだが『求志洞遺稿』に序と後序が載っている。

その後序に水碾車《すいてんしゃ》の話があり、それで麦をひくとたくさんの粉ができて、庶民の苦労を軽減できると記している。重学は力学のことであろうし、水碾車《すいてんしゃ》はオランダの風車を似せて水流によって穀物をひく臼である。長岡城下郊外の山麓の村々には、その水碾車があると虎三郎は述べているのである。水碾車は水車をいい、麦粉は城下の特産であった素麺《そうめん》となった。そのことをある会合で紹介したら、素麺の老舗の社長さんが喜んでくれた。「私どもの会社は人を救うために営業してきました」というのである。麦粉から作る素麺は、人の生命を救ったというのである。

話は違うかもしれないが、昭和四（一九二九）年に悠久山の蒼柴神社の参道に小林病翁の碑が建立された。碑文は儒学者長沢金太郎の二男高橋翠村が撰している。

その文には病翁が長岡の商工業の発展、発達に尽力したことが書いてある。私は初め、教育第一主義からくる実業教育に尽力したくらいにしか考えてこなかった。ところが、水碾車の話などに虎三郎が心を配ったのは、人の飢餓を救おうという気持ちが虎三郎にはあったのではないかと思うようになった。

日本いや世界はいずれ食糧危機に陥るだろう。そのときこそ、小林虎三郎に学ばなければ人類を救うことはできないと思う。

このたびは新潟日報事業社の新保一憲さんから小林虎三郎の小伝を書いてみないかというお話をいただいた。実は小林虎三郎の伝記らしいものはあまり出版されていない。しかも人間的評伝は知られず、米百俵の故事だけが独り歩きをしている感が強い。

そこで、虎三郎の前半生を中心に、彼の人格形成を追ってみることにした。まだまだ稚拙なところが多いが、小林虎三郎の思いの一端を紹介できたことに感謝している。

平成二十二年三月

稲川　明雄

稲川　明雄（いながわ・あきお）

一九四四年、新潟県長岡市に生まれる。長岡市立互尊文庫司書・資料係長。長岡市史編さん室長、長岡市立中央図書館長・文書資料室長、長岡市都市計画課嘱託　現在長岡市河井継之助記念館長
長岡郷土史研究会編集事務　長岡郷土史研究会顧問、長岡ペンクラブ編集事務　互尊文芸編集人　長岡造形大学非常勤講師（地域文化論）㈱エヌ・シィ・ティ（長岡ケーブルテレビ）歴史アドバイザー

著　書
『長岡城燃ゆ』（恒文社）一九九一年
『長岡城奪還』（恒文社）一九九四年
『長岡城落日の涙』（恒文社）二〇〇一年
『河井継之助―立身は孝の終わりと申し候』（恒文社）一九九九年
『長岡藩』（現代書館）二〇〇四年
『龍の如く―出版王大橋佐平の生涯』（博文館新社）二〇〇五年
『互尊翁―野本恭八郎』（新潟日報事業社）二〇〇六年
『北越戊辰戦争史料集』（新人物往来社）二〇〇一年
『新潟県人物小伝　河井継之助』（新潟日報事業社）二〇〇八年
『新潟県人物小伝　山本五十六』（新潟日報事業社）二〇〇九年　ほか

共　著
『米百俵と小林虎三郎』（東洋経済新報社）二〇〇一年
『河井継之助―幕末の風雲児』（考古書店）二〇〇一年
『米百俵の心―小林虎三郎の英断』（考古書店）二〇〇一年　ほか

新潟県人物小伝　小林虎三郎《こばやしとらさぶろう》

平成22（2010）年4月1日　初版第1刷発行

著　者　稲川　明雄
発行者　五十嵐　敏雄
発行所　㈱新潟日報事業社
〒951-8131
新潟市中央区白山浦2-645-54
TEL 025-233-2100　FAX 025-230-1833
http://www.nnj-net.co.jp/

落丁・乱丁本は送料小社負担にてお取り替えします。
定価はカバーに表示してあります。

ISBN978-4-86132-360-7